KB078611

중국사상의 뿌리

차례
Contents

잉태

제자백가란?

중국은 언제나 역사의 중심에 있었다. 앞으로도 중국은 세계사의 중심에 서 있을 것이다. 그것은 세계 인구의 23%를 차지하는 중국인의 숫자 때문이기도 하지만, 더 중요한 이유는 역사적, 문화적 성취 때문이다. 인류 문명의 발상지는 여러 곳이지만, 4천 년 이상을 같은 지역과 같은 언어체계 속에서 살며 같은 문자를 사용하는 문명은 중국뿐이다.

중국 문화 가운데 가장 눈에 띄는 하나가 사상 방면에서의 성취이다. 특히 춘추전국(春秋戰國)이라는 정치사회의 대 격동기를 지나면서 천재 사상가들이 출현, 역사적 지혜의 축적을 바탕으로 탁월한 사유를 전개하여 세계 문화사상 보기 드문 사상적 황금기를 구가하였다. 제자백가(諸子百家)란 여러 스승과 수많은 사상가·학파란 뜻으로 바로 이 춘추전국시대에 크게 일어난 학문사상의 다양한 경향을 일컫는 말이다.

백가란 말은 이미 전국시대부터 쓰였다. 『장자 莊子』에 '백가의 지식'이란 말이 나오고, 『순자 荀子』에 '백가의 학설'이란 표현이 있으며, 서한의 사마천(司馬遷)은 '백가의 술이라 불렀다. 백(百)이란 많다는 뜻으로 쓰였으나 실제로 당시의 학설은 백 개보다 많으면 많았지 적지는 않았다. 이 말은 중국사상에 접하는 사람들의 습관적인 용어가 되었고 학문의 바다를 연상시키는 보통 명사가 되었다. 모택동(毛澤東)이 말했던 백가쟁명(百家爭鳴)도 그런 의미이다.

제자백가는 중국인들이 가진 사고의 뿌리를 이해하는 중요한 첫걸음이다. 주변 민족과의 교류 속에서 이루어졌지만, 타 문명의 절대적 영향력이 없는 상태에서 중국인들에 의해 만들어진, 중국 역사상 가장 뛰어난 사상적 성취이기 때문이다. 제자백가 사상은 이 세상에서 제일 오래되고도 일관된 중국어와 한자라는 문명의 성취 위에서 이루어졌다. 그래서 그 이후 2천년에 이르는 중국철학은 제자백가의 각주라고 불릴 정도이다.

문명의 성취는 어느 날 갑자기 이루어지지 않는다. 뛰어난 사상가의 출현은 천재성의 열매가 아니라 앞서 간 사람들이 낳은 지혜의 결실이다. 위대한 사상은 창조가 아니라 집대성의 결과이다. 제자백가도 마찬가지이다. 기나긴 세월 동안 중국인들이 일궈낸 지적 성취에다 정교하게 발달한 문자와 언어, 하 (夏)·은(殷)·주(周) 삼대의 정치적 유산, 사회경제적 성취에 따른 기록 및 전달 수단의 발전 그리고 지적 생산을 가능케 한 시대 분위기가 복합적으로 작용하여 이루어진 것이다.

잉태의 배경

거북이의 속 갑과 큰 동물의 대퇴골에 칠로 글을 쓴 뒤 다시 칼로 새긴 갑골문(甲骨文)은 그림이 아니다. 정교한 문법과 세밀한 체계를 갖춘 역사 기록이다. 갑골문은 은나라 중·후반부터 만들어졌고, 후기에는 금속인 청동 주물에 부드러운 글씨를 새겨 넣은 금문(金文)이 나타났다. 지금으로부터 3천3백 년 전쯤에 생긴 이 기록들은 거의가 점을 쳐 신에게 국가행사를 묻는 형식이다.[1] 갑골문은 문자를 통해 사람들의 지혜가 모아지기 시작했다는 중대한 의미를 지닌다.

서주(西周) 사상가들의 중요한 참고 자료였던 『역』(훗날의 『周易』)은 처음 음효(陰爻, --)와 양효(陽爻, —)라는 상징의 결합과 풀이로 엮어졌는데, 이는 갑골문·금문의 후기에 엮어진 책의 초기 형태로 추측된다.[2]

은은 제정일치 사회로 종교적 제사의식이 매우 발달한 문명 국가였다. 그보다 훨씬 서쪽에서 융(戎)족과 섞여 살던 주 민족은 변방 방어를 책임진 은의 신하 국가였다. 문왕(文王) 때 세력을 크게 확장한 주는 아들 무왕(武王) 때에 이르러 쿠

데타에 성공하였다. 그들은 은에 대한 정벌을 정당화하기 위한 논리개발에 열중했다. 쿠데타 주역이며 놀라운 정치가이자 이론가인 무왕의 동생 주공(周公)은 노인을 잘 받들면서 그들 삶의 지혜를 정치세계에 옮겼다. 그 흔적이 『서』(훗날의 『尙書』)와 『시』(훗날의 『毛詩』)의 초기 작품들을 구성한 듯하다. 정치는 민의를 반영해야 하고, 군주는 덕으로 모범을 보여야 하며, 부모에게 효도해야 한다는 등 오늘날 중국사상 하면 떠올리는 수많은 도덕적 관념들이 이 책들의 주요 부분을 구성하고 있다.[3] 이 때가 서양 달력으로 기원전[4] 12세기 말엽이다.

문자 기록의 존재는 학문의 바탕이 된다. 주로 최고 귀족들에게 한정된 일이기는 했으나, 『시』 『서』 『역』의 학문적 전승이 이루어지고, 그에 따라 여러 가지 주장들이 제기되기 시작하였다. 서주의 권력자들은 은과 같은 종교적, 신적 질서를 벗어나 주나라 특유의 혁명, 조상 숭배, 형벌, 효, 덕 등의 인간질서에 대해 강조하기 시작하였다. 그러다 서주 후기로 가면서 예, 화합, 농업 중시, 이익 독점 등 일반 민중들의 사회상황에 맞는 이야기들이 유행하기도 하였다.

그런 분위기는 춘추전국이라는 대 격동의 시대에 들어서면서 한층 고조되었다. 주 왕실은 혈연상의 중앙 종실 권위를 앞세운 정밀한 통치체제인 봉건(封建)과 종법(宗法)제도로 전국을 통제하여 왔다. 그런데 세월이 흐름에 따라 피의 농도가 낮아지면서 혈연적 결합이 무너지고, 오랑캐들에게 왕이 끌

려가는 수모를 당하면서 중앙의 권위도 따라서 무너졌다. 신의 권위가 무너진 곳에 인간끼리의 각축이 벌어지듯, 천자의 권위가 무너지니 제후끼리의 각축이 벌어지고, 제후의 권위가 무너진 곳에 대부끼리의 각축이 벌어졌다. 인간끼리의 각축은 결국 힘의 다툼이다. 힘은 숫자이다. 따라서 보다 많은 백성의 지지가 바로 힘이었다. 어떻게 하면 보다 많은 백성을 모으고 지지를 끌어낼 것인가가 춘추전국시대의 과제였고, 그 방법에 대한 모색이 제자백가의 출현을 불러일으켰다고 할 수 있다.

한편, 춘추전국시대엔 철기가 등장하고 소와 쇠 보습을 이용한 깊은 밭갈이가 가능해짐으로써 생산력이 크게 늘었다. 생산이 늘면 잉여가 생기고, 인구가 늘며, 상공업이 발달한다. 그 결과 계급 간 차별이 일어나게 되며, 다툼의 양상은 훨씬 복잡해진다. 신분 변동도 심해진다. 춘추 이래 신분 변동 과정에서 몰락한 귀족 지식계급들은 생존 때문에 민간에 지식을 전하게 되었고, 공부하는 사람은 급속히 늘기 시작했다. 전국시대 세력가들은 돈과 권력으로 지식인을 사는 경우도 많았다. 경제적 여유와 지식 시장의 형성은 대나무 속살이나 나무 패에 글씨를 쓰거나 새기는 죽간(竹簡)과 목독(木牘) 그리고 비단에 먹으로 쓴 백서(帛書)의 대량 제조와 유행을 불렀다.

무엇보다도 숱한 사상학파와 학설을 난무하게 만든 결정적 배경은 정치 상황이었다. 춘추시대 제후들 사이의 경쟁이 치열해지면서 봉건제도는 군현제도로 바뀌어 갔다. 씨족이나 공

신들에게 권위를 나누어 주어 분할된 지역을 다스리게 하지
않고, 군주가 속속들이 모든 지역을 직접 관할하게 되었다. 이
는 군주 중심의 중앙 집권적 정치체제가 만들어져 간다는 표
시이다. 군주들은 오직 생존을 위해서, 부국강병을 위해서, 천
하통일을 위해서 인구를 늘려 세원을 확보할 수 있는 온갖 지
혜를 강구하였다. 춘추시대에는 극심한 민족 융합의 분위기
속에, 중원으로 난입하는 북방 민족으로부터 중국을 수호하고
자 제후들이 단결하였다. 주 왕실을 받든다는 명목으로 회맹
(會盟)하는 제후들끼리는 신용도 지켰고, 예의도 차렸으며, 제
사도 받들고, 종성씨족을 논하기도 하였다. 그러나 일곱 나라
로 재편되어 날마다 격렬한 전투를 치르게 된 전국시대에는
제후들끼리 연회를 베푸는 따위의 일이 없어졌을 뿐만 아니라
국가 간 우호관계도 일정하지 않았다. 이러한 전쟁과 경쟁의
시대야말로 사상의 발전에 더없이 좋은 토양이었다.

　이상의 배경을 몸으로 받아들여 제자백가의 주인공이 된 사
람들은 대부분 사(士)계급 출신이었다. "하늘 아래 어디든 왕
의 땅이 아닌 곳이 없"(『시경』「北山」)듯이, 천자(天子)는 천하
를 소유하고, 그 밑에 천자의 위탁을 받아 공(公)·후(侯)는 사
방 100리(里)를, 백(伯)은 사방 70리를, 자(子)·남(男)은 사방
50리를 다스렸고, 그들의 밑에 방대한 토지를 소유한 토착 가
문인 대부(大夫)들이 위치해 있었다. 사들은 원래 독자적 생산
수단을 갖지 못한 대부의 가신이었다. 그런데 이들이 춘추전국
시대에 널리 퍼진 지식 전승의 최대 수혜자가 됨으로써 일약

사회의 중추계급으로 등장하였다. 자유로이 열린 뜰에 온갖 꽃들이 만발하듯, 선비들은 자기를 알아주는 주군을 찾아 마음껏 주장을 펼쳤다. 쓰이면 재상에도 이르고, 안 쓰이면 떠나서 다른 기회를 엿볼 수 있었다. 닭 우는 소리, 개 흉내를 내는 한 가지 재주만으로도 의식주가 해결되었다. 국경 없는 자유로움이여! 이제 이들은 한 군주만을 추종하지 않아도 되었다. 학파 내 또는 학파 사이에 경쟁이 치열해지면서, 모든 말의 가능성이 열린 백가쟁명의 시대는 이렇게 도래하였다.

제자백가의 모습을 알 수 있는 책들

원전의 유실과 정리

제자백가들은 처음 죽간이나 백서의 형태로 문서를 만들어 둘둘 말아 들고 다녔다. 나무패를 엮었다는 의미에서 책(冊), 둘둘 말았다는 의미에서 권(卷)이란 용어가 출현하였다. 학자들은 『서』 『춘추 春秋』(魯나라) 『도올 檮杌』(楚나라) 등의 전해 오는 서적으로 공부했을 것이다. 먹물을 칠하여 글씨를 쓰자면 머리는 커지고 끝은 가늘어지기 마련인데, 제자백가는 이 올챙이처럼 생긴 과두문(蝌蚪文)을 주나라 글자인 대전(大篆)으로 써서 가지고 다녔을 것이다. 애석하게도 이들 문서의 원형들은 유실되어 오늘날 전해지지 않는다.

전국시대의 전란을 겪으며 수많은 죽간과 백서가 없어졌다. 특히 군사력으로 천하통일을 달성한 진시황과 이사(李斯)는 혹독한 법치로 새로운 질서를 수립하려 했으며, 이에 반대하는 책들과 유생을 제거하는 분서갱유를 단행하였다. 모든 유생과 책이 다 없어진 것은 아니지만, 이 정치적 조치가 제자백가 자료의 유실을 가져온 결정적 계기가 된 것은 사실이다.

요즘 중국에서는 고대 무덤들이 많이 발굴되고 있는데, 무덤 안에서 그 옛날 죽간문서 등이 대량으로 쏟아져 나오고 있다. 1973년 호남성 마왕퇴(馬王堆)에서 발굴된 도가 관련 문서들이 제자백가 해석의 새로운 경지를 개척하였고, 1993년 호북성 곽점(郭店)에서 발굴된 초나라 죽간은 서기전 300년경의 문서로 제자백가의 원형을 연구하는 데 큰 도움이 되었다. 이 자료들이 각지 박물관에 수용되어 연구가 진행되고 있는데, 발굴 자료들이 정리되고 해설서들이 만들어지면 훨씬 많은 제자백가의 저술이 모습을 드러낼 것으로 생각된다.

발굴 이전 2천 년 동안 제자백가의 모습을 알 수 있는 자료는 죽간 원형이 아니라, 한나라 때 한 번 정리된 책들이다. 이후 학자들은 이 책으로 백가를 공부하였고, 재해석하였으며, 연구하였다. 하지만 한나라 때 정리된 비교적 원형에 가까운 책들마저 현존하는 것보다는 없어진 양이 더 많아 오늘날 제자백가 전체의 모습을 모두 알기란 여전히 불가능하다.

진의 혹정에 대한 반작용으로 한나라 때는 박사가 크게 늘고 학문 논쟁이 잦았다. 이에 따라 백가 문헌을 정리할 필요가 생겨났다. 국가사업으로 평생 문헌 정리 작업을 했던 유향(劉向)은 아들 흠(歆)과 더불어 제자백가를 종합한 목록집 『칠략

七略』을 내었다. 이것은 서기전 81년의 염철(鹽鐵) 논쟁, 서기전 53년부터 3년간의 석거각(石渠閣) 회의 등 대규모 학술회의 결과를 담은 성과였다. 오늘날 제자백가 저술의 초기 모습을 밝히는 데 가장 널리 인용되는 후한 반고(班固)의 『한서 漢書』「예문지 藝文志」 또한 이 책에 바탕을 두고 있다.

이밖에 당(唐)나라 때 위징(魏徵) 등 정부 인사들이 편찬한 『수서 隋書』 가운데 「경적지 經籍志」는 한나라부터 수나라까지의 학문적 원류를 탐색하고 있으며, 제자백가 서적들 가운데 어떤 책이 어떤 형태로 남아 있고, 어떤 책이 없어졌는지 종합적인 결론을 내려주고 있어 참고할 만하다.

『한서』「예문지」에 소개된 대표작들

지금으로선 한대에 재정리된 자료를 중심으로 제자백가의 사상을 파악할 수밖에 없는데, 그 압권이 바로 「예문지」이다. 물론 「예문지」 내에 소개된 총 38종 596가(家) 13,269권 가운데 지금까지 그대로 전해지는 춘추전국시대 문헌은 그다지 많지 않다. 또 그 중에는 제자백가의 이름을 빌려 후대 사람들이 자신의 주장을 개진한 책, 제자의 논문집 속에 관계없는 글이 끼어 들어간 경우, 여러 사상가의 글을 모아 순서 없이 나열한 경우 등 소위 위서(僞書)도 많이 섞여 있어 제자백가의 참모습을 알기가 어렵다. 여기서는 후대의 진위 논란을 배제하고 「예문지」 제자략(諸子略)의 순서에 따라 학파별로 대표적인 몇몇 저술만을 뽑아 소개하고자 한다.

유가	53가 836편 중『안자춘추 晏子春秋』8편,『맹자』11편,『순자』33편 등이 전해짐.
도가	37가 993편 중『관자 管子』86편,『노자』,『문자 文子』9편,『관윤자 關尹子』9편,『장자』52편,『열자 列子』8편,『황제사경 黃帝四經』4편 등이 대표적.
음양가	21가 369편 중『추자종시 鄒子終始』56편 등의 제목만 전해짐.
법가	10가 217편 중『상군서 商君書』29편,『신자 申子』6편,『신자 愼子』42편,『한비자』55편이 대표적.
명가	7가 36편 중『등석자 鄧析子』2편,『윤문자 尹文子』1편,『공손룡자 公孫龍子』14편 등 일부가 있음.
묵가	6가 86편 중『묵자』71편만 전해짐.
종횡가	12가 107편 중『소자 蘇子』31편,『장자 張子』10편 등의 제목만 전해짐.
잡가	20가 403편 중『시자 尸子』20편,『여씨춘추』26편 등이 전국시대 문헌으로 전해짐.
농가	9가 114편 중『신농 神農』20편의 이름만 전해짐.
소설가	15가 1,380편 중 후세에 첨가된『국자 鬻子』19편 등이 전해짐.

이상 189가 4,324편이 모두 전해오지는 않지만, 남아 있는 책을 통해서 제자백가의 전체적 면모와 각 학자들 사상의 일단을 파악할 수는 있다. 소설가를 제외한 9류 10가(九流十家)는 고통스런 세상을 구제하겠다는 사회철학자들이었다. 큰 목표가 있었으므로 각 학파들 사이에 경쟁·흡수·융합도 거듭될 수 있었다. 이 책에 저 사상가를 비판한 내용이 있는가 하면, 저 책에 이 학파를 칭송하는 내용도 있다.『한비자』「현학」편

이나 『순자』 「비십이자」편처럼 각 사상 및 학자들을 체계적으로 분석, 비판한 문헌도 있다.

「예문지」에는 제자략 외에 각 경전과 관련한 육예략(六藝略) 및 병서략(兵書略) 등을 따로 떼어 역시 수많은 사상가들 및 그 저작들을 설명하고 있다. 작품 대부분은 유실되었지만 이들도 제자백가의 하나로 취급할 수 있을 것이다.

이밖에도 제자백가의 모습을 알 수 있는 책들은 매우 많다. 예를 들면 초기 유가의 면모를 알 수 있는 『논어』(「예문지」에서는 육예략에 포함시켜 『논어』만도 12가 229편이 있다고 함)는 공자와 그 제자들의 모습뿐만 아니라 다른 사상가들과의 대화도 여럿 비친다. 서주 이래 각국을 나누어 기록하고 있는 『국어 國語』는 춘추시대의 사회 상황과 사상가들의 다양한 면을 엿볼 수 있다. 전국시대 12국의 정치·외교·권모술수·정책논의 등을 기술하고 있는 『전국책』은 제자백가 전모와 특히 종횡가 사상을 파악해 볼 수 있는 중요한 사료이다. 『회남자』는 한나라 때 엮어졌지만 제자백가의 다채로운 모습을 도가적 시각으로 해석하고 있으며, 그 외 한대의 서적으로 육가(陸賈)의 『신어 新語』, 가의(賈誼)의 『신서 新書』, 유향의 『신서 新序』와 『설원 說苑』, 동중서(董仲舒)의 『춘추번로 春秋繁露』, 왕충(王充)의 『논형 論衡』, 사마천의 『사기』, 환관(桓寬)의 『염철론 鹽鐵論』, 반고의 『한서』와 『백호통의 白虎通義』 및 『굴원 屈原』(이른바 『초사 楚辭』) 등 사부(辭賦) 작품을 참고해도 제자백가의 모습을 알 수 있다.

문을 연 선각자들

제자백가란 좁게는 춘추시대 말부터 전국시대까지, 넓게는 주나라부터 한나라에 이르기까지 광범한 시대에 걸친 사상가들을 종합하는 말이다. 따라서 제가백가가 구체적으로 언제, 누구에 의해 출발했다고 말하기는 어렵다. 서주 초기부터 지식인들에 의한 다양한 주장이 펼쳐져 왔다. 특히 정치·경제·사회 각 분야에 대 변동이 일어난 춘추시대에, 사상가들은 다양한 지역적 차이를 반영하며 독특한 사유를 전개하였는데, 그 축적 위에 창조적 사상가들이 다시 출현하는 형태로 사상의 황금기를 맞이하였다.

서주 초 주공의 경천보민(敬天保民)·순천응인(順天應人)·명덕(明德) 등의 정치사상은 후대 제자백가 학술에 깊은 영향을 미쳤다. 서주 후기 제공모부(祭公謀父)의 덕(德)·병(兵)론, 예량부(芮良夫)의 국왕 이익 독점 불가론, 괵문공(虢文公)의 농업 중시론, 백양부(伯陽父)의 화(和)·동(同)론 등도 백가의 문을 여는 데 일정한 작용을 한 것으로 보인다.

백가가 특별한 사상 때문이 아니라 관직에서 비롯되었다는 주장도 있다. 특히 『한서』「예문지」가 그렇다. 유가는 사도(司徒, 교육관리), 도가는 사관(史官), 음양가는 희화(羲和, 천문담당관리), 법가는 이관(理官, 재판관), 명가는 예관(禮官, 의전·인사담당관), 묵가는 청묘(淸廟) 지킴이, 종횡가는 행인(行人, 외교관), 잡가는 의관(議官, 의론담당관), 농가는 농직(農稷)의

관리, 소설가는 패관(稗官, 민간의 이야기들을 전달하는 관직)에서 나왔다는 주장이다. 지식이 귀족·관료의 전유물이었다는 점에서 보면 관직을 차지하였던 귀족들의 다양한 직업 배경에서 다양한 학설이 나왔을 수도 있다.

또, 제자백가의 다양한 주장이 그 사상가가 처한 지역적 환경 및 문화적 풍토와 관계가 깊다는 주장도 있다. 대표적으로 노(魯)·송(宋) 등 수준 높은 고대 문화유산을 가진 곳에서는 유가나 묵가처럼 부드러운 덕목으로 사람들을 마음으로 복종시키면서 사회를 개조하려는 사상이 유행하였다. 반면 진(晉) 등 새로이 강국으로 등장한 곳에서는 법가처럼 강한 형벌로 사람들을 복종시키려는 사상이 유행하였다. 해안에 가까운 제(齊)는 고대문명을 간직한 동이(東夷) 등과 가까워 각종 민간신앙과 오행설, 신선방사 등의 사상이 복잡하게 얽혀 있었으며, 초(楚)나라와 남국(南國) 등 남방의 온화한 지역에서는 도가처럼 방임과 자연회귀를 통해 사회의 질곡에서 벗어나려는 사상이 유행하였다.

확실히 춘추시대 선구적 사상가들의 주장은 주변 환경과 관계가 깊다. 사민(四民)의 직업을 나누고, 경제력을 바탕으로 군사조직을 강화하려는 관중(管仲)의 수구개량사상에는 당시 제나라의 풍속이 반영되어 있다. 군주보다 사직이 중요하다고 주장하면서도 화동(和同)론을 주장한 안영(晏嬰) 또한 제나라 사람이다. 법과 예를 제정해 국가질서를 바로잡으면서 상인에 대한 자유 정책을 주장한 자산(子産)은 강대국 사이에 끼어

형세가 위태로웠던 정(鄭)나라 재상이었다. 진나라의 숙향(叔
向)은 전통적 관습법을 강조하며 예와 신의를 주창하였다. 남
쪽 월(越)나라에서 구천(勾踐)을 도와 패업을 이룬 범여(范蠡)
에게서 우리는 상황논리와 냉정한 사무 처리를 보게 된다. 『좌
전 左傳』에 등장하는 수많은 춘추시대 사상가들은 확실히 제
자백가의 문을 열게 해준 선각자들이었다.

공자와 각 학파의 시조

단편적으로 주장을 펼치던 초기 사상가들과 달리 춘추시대
후반에는 어느 정도 규모를 갖춘 학파가 등장하면서 지식의 보
편화를 촉진시켰다. 사상의 축적 위에 뚜렷한 선각자의 출현으
로 제자들이 모이면서 아카데미를 형성한 것이다. 거기엔 홀로
독서에 열중하여 학문적 각성을 이루고, 그렇게 얻은 지식을
무차별하게 다시 전파한 공자의 위대한 업적이 자리하고 있다.

노나라는 주공이 아들을 보내 직할통치를 한 곳이므로 그
의 정치철학과 정신적 영향이 깊게 배어 있었다. 종가·종법을
중시하고, 덕과 예로 집안과 나라를 다스리고, 노인을 대접하
는 풍토 등이 그렇다. 6예가 살아 있고 전통적인 교육과 예법
이 중시되는 이 지역에서 공구(孔丘, 서기전 551~479)라는 탁
월한 인물이 출현한 것은 우연이 아니다. 예 가운데 가장 어렵
고 복잡한 것이 상례인데, 공자는 이 분야의 전문가였으며 예
를 포함한 다양한 교육을 생업으로 삼아 크게 성공하였다. 옆

제나라에 관중·안영, 정나라에 자산 같은 뛰어난 정치가들이 있었던 것도 그에겐 복이었다. 공자는 3천 명의 제자를 길러 내었고, 그중 각 분야에 뛰어난 사람만도 70여 명이나 되었다. 그들 대부분은 교육과 학문에 종사하며 더 많은 제자를 길러 내었고 마침내 거대한 학파를 형성하게 되었다. 교육에 종사하는 사람을 가리키는 말로 공자 이전부터 존재했던 유(儒)가 이 학파의 이름이 되었다. 이 유가학파에 의해 비로소 제자백가의 문이 활짝 열렸다고 말해도 크게 틀리지 않을 것이다.

도가의 시조로는 황제(黃帝)와 노자를 든다. 제자백가들은 자신들의 주장을 정당화하기 위하여 먼 옛날의 인물을 그들의 시조로 포장하곤 하였는데, 도가 계열의 사상가들은 가장 멀리 올라가 중국 문화의 상징인 황제를 시조로 삼았다. 이 전설 외에 실제로 도가의 시조로 추앙을 받는 노자, 즉 노담(老聃)에 대해선 이설이 분분하다. 공자와 같은 시대의 실존 인물이라고도 하고, 전국시대 초기 주나라 태사(太史) 벼슬을 하던 담(儋)에 대한 별칭이라고도 한다. 초나라의 노래자(老萊子)라는 설도 있다. 그러나 도가의 책은 사상적 특성상 정확한 역사적 근거를 찾기가 어려워 언제 학파로서 문이 열리게 되었는지 알 길이 없다. 다만 인위적 정치 행위에 반대하는 수많은 전국시대 사상가들이 노자를 자신의 스승이라고 밝힌 저작을 내었고, 실제로 요즘 발굴된 노자 또는 황제 관련 책들을 보면 노자라는 사람을 이 학파의 문을 연 사람으로 보아도 무방할 듯하다.

법가는 국가의 등장과 더불어 상상할 수 있는 학설이다. 법과 제도가 그들 주장의 핵심이기 때문이다. 하지만 정치 현상에 대한 이야기이기 때문에 이론 탐색이 어렵고, 그래서 법가는 그 연원과 학파로서의 일관성을 따지기가 어렵다. 관중과 자산은 나름대로의 이론에 입각한 효과적 법 실행으로 법 제도의 중요성을 부각시키는 데는 성공하였으나 그들에게서 사상적 체계를 찾아보기는 어렵다. 법가 내에서도 같은 법가학파로서의 자의식은 다른 학파에 비해 매우 낮은 편이었다. 예컨대 변법을 통해 사회 모순을 해결하려던 관중이나 자산은 법가의 원류로 볼 수도 있고 다른 학파로 취급할 수도 있다. 아마도 특정 학파로서 법가의 문을 연 사람은 전국 초기 『법경 法經』을 저술했다는 이회(李悝)일 것이다. 그는 정치실천가로 입법과 변법활동을 했을 뿐만 아니라 그에 상응하는 이론을 개발하기도 했다.

묵가는 유가에 대한 반동으로 나타났다. 유가에게서 배운 묵자는 하층 출신으로 놀라운 기술자였는데, 유가에 반기를 들고 묵자(墨者)라는 종교적 결사를 만들어 다수 평민을 모아 엄격한 규율을 지닌 학파를 창립하였다. 시조가 분명하며, 제자백가 가운데 시조의 이름을 따 학파 이름을 삼은 유일한 경우이다.

명가류의 변론 풍토가 크게 유행한 것은 전국시대였으나 명(名)을 둘러싼 논변의 연원은 아주 오래되었다. 공자의 정명(正名)론, 노자의 무명(無名)론, 묵자의 여명(予名)론이 선구적인 것들이었다. 그러나 명가 변론의 원조는 법률소송의 변론에 정통한 등석자의 형명(刑名)론이라 할 수 있다.

음양과 오행은 춘추시대에 벌써 철학 개념으로 자리잡았다. 우주의 이치에 관한 이야기이기 때문에 이 개념은 훨씬 이전부터 존재해 왔을 것이다. 다만 춘추 이전의 기록에 음양이 오행과 더불어 이야기된 적이 없는 것으로 보아 양자가 일체화되어 하나의 사상체계를 이루지는 못한 것으로 생각된다. 둘이 함께 이야기된 것은 춘추 이후의 일이고, 음양오행이 한 학파가 된 것은 전국시대에 이르러서이다.

병가의 연원은 전쟁과 함께 하므로 대단히 오래되었을 것이다. 그러나 전쟁 기술과 관련되어 역사상 많은 역할을 하였음에도 불구하고 사상사적으로 큰 의미를 부여받지는 못하였다. 그 외 다른 학파들은 위의 큰 학파들이 교류·융합하는 과정에서, 또는 시류에 영합하여 나타난 경우가 대부분이다.

백가의 구분

학파 분류

　사상가들이 처음부터 학파로 존재하지는 않았다. 묵가 외 대부분은 독자적 사유를 한 사람들이거나, 학습을 통해 정치이론가가 된 사람들이거나, 권력자·세력가 주변에서 빈객으로 머물며 변론과 대담으로 의식주를 해결하던 사람들이었다.

　따라서 제자백가 대부분은 통일된 스승 계보가 없으며, 자신들의 주장을 체계적으로 제자들에게 교육시킬 기관도 없었다. 전국시대 후반에 위대한 스승 공자를 숭배하던 유가와 종교적 조직을 갖춘 묵가가 한때 우열을 다투기도 했으나, 법가들처럼 정치가로 출세하는 경우가 드물어 누구도 정부의 공식적인 지지를 받지는 못하였다. 물론 국가경쟁의 시대에 인재를 구하려고 군주들이 앞 다투어 돈과 관직으로 현인들을 대접하였으므로, 탁월한 몇몇은 큰 조직을 갖추기도 하였다. 공자는 제자들이 관직에 나간 뒤에도 한 집에 거두어 평생의 스승이 되었는데, 그의 제자들도 스승의 방식을 따른 듯하다. 맹자는 수레에 책을 가득 싣고 수백 명의 종자들을 거느리고 천하를 주유할 정도였다. 그러나 대부분의 제자백가는 광범한 지역에 흩어져 그저 봄날의 꽃처럼 여기저기서 피어나 독자적으로 제 갈 길을 찾아다녔다.

제나라가 왕궁 밑에 직하학궁(稷下學宮)을 세워 꽤 많은 사상가들의 학술토론장이 만들어져 아카데미 풍토를 조성한 경우는 있었다. 이 때에는 학파 구별 없이 곳곳의 인재들이 모여들어 학문을 논하였고, 최고 학자를 총장급인 좨주(祭酒)에 임명하고 열대부(列大夫) 예우를 하였다. 전국시대 말기 맹상군(孟嘗君)은 단 한 가지 재주라도 있으면 식객으로 받아들여, 3천여 명의 인재를 거느린 적도 있었다. 아마도 자유로운 학문 전개의 풍토가 전국시대의 사상 발전을 크게 진작시킨 것으로 보인다.

'백가'라는 용어가 등장하고, 다른 학파와 대립각을 세우거나 사상가를 구분하여 차별성을 부각시키는 경향은 전국시대 말기부터 나타났다. 그러나 누가 무슨 유파인지를 구체적으로 나눈 적은 없었다. 『순자』「비십이자」편엔 12명의 사상가를 6개 파로 나누어 장단점을 비평하고 있으며, 『장자』「천하」

편은 열몇 명의 학자를 6대 학파군으로 나누고 있다. 『한비자』 「현학」편은 정식으로 묵가와 유가를 당시 유행하는 학문으로 다루며, 공자가 죽은 뒤 유가는 8개로, 묵자가 죽은 뒤 묵가는 3개 파로 갈라졌다면서 그 명칭을 언급하기도 한다. 그러나 사상가들을 특정한 명칭으로 가르는 일은 없었다.

이들을 학파로 묶어 분류한 사람은 한대의 사마담(司馬談) 이었고, 그의 아들 사마천이 『사기』에 아버지의 작품 「논육가 요지 論六家要旨」를 실어 이를 후세에 전하였다. 사마담은 제자백가를 음양·유·묵·법·명·도덕 6가로 나누어 구분하였 다. 하지만 그는 당시 유행하던 황노(黃老)사상의 영향을 받고 있으며, "음양의 술은 크게 길하다"는 등 음양가를 높이 사고 있어 전국시대 실제로 거대한 학파를 형성하였던 유가·묵가· 도가·법가를 균형 있게 다루었다고 보기는 어렵다.

유흠의 『칠략』과 반고의 「예문지」에는 여기에 종횡·잡·농 ·소설 4가를 더하였다. 이렇게 제자백가를 10개 학파로 나누 는 구분법은 타당한 것으로 인정받아 역사상 대부분의 학자들 에게 받아들여졌고, 오늘날까지 이어지고 있다.

물론 이 구분이 절대적일 수는 없다. 『순자』와 『한비자』에 보이듯 학파 간뿐만 아니라 같은 학파 내에서도 경쟁이 치열 하여 서로 다른 사고를 하는 경우가 많았기 때문이다. 또한 제 자백가 책들은 대부분 우주에서 초목까지 광범한 대상을 백과 사전처럼 다루고 있는 경우가 많아 체계적으로 특정한 학파의 이론을 일관시켜 적용할 수도 없다. 한 사상가의 이름으로 된

저술 속에도 적게는 수 종, 많게는 수십 종의 다양한 견해가
들어 있는 경우가 허다하다.

제자백가 일람표

다음 표는 백가서와 역사서에 구체적으로 등장하는 저작이
있는 사상가들을 참고하여 필자의 생각에 따라 대표적인 사상
가만을 선정해 간략히 정리한 것이다. 보통의 경우 제자백가
의 하한선은 회남왕 유안(劉安)이 『회남자』를 한무제에게 바
친 시기(대략 서기전 139년?)까지로 잡는다. 공자가 서기전 551
년생(이것도 『공양전』『곡량전』엔 魯襄公 21년, 즉 서기전 552
년이라고 함)임을 감안하면 춘추 말기란 대체로 서기전 6세기
부터 서기전 5세기 초에 활동했다는 의미이고, 한(韓)·위(魏)·
조(趙)씨 세 대부가 진(晉)을 삼분한 서기전 453년을 전국시대
의 출발이라고 본다면, 전국 초기라 표기된 것은 대체로 서기
전 5세기 중엽부터 활동한 사람이란 뜻이다. 따라서 전국 중
기는 서기전 4세기 중엽부터 3세기 초까지, 전국 말기는 진
(秦)의 전국 통일인 서기전 221년까지를 말한다.

	사상가	출신지	시대	주요 저작	주요 주장	비고
유가	孔丘	魯	춘추 말기	論語, 6경 정리	인덕, 정명, 중용, 從周	宋 출신이라는 주장도 있음
	晏嬰	齊	춘추 말기	晏子春秋	검약, 역행, 충직간언	공자 전. 현 작품 후세 위작
	孟軻	鄒·魯	전국 중기	孟子	성선, 왕도, 민본, 정전	齊·梁 주유

	荀卿	趙	전국 말기	荀子	성악, 정명, 예의, 존군	제자백가를 집대성
	賈誼	洛陽	한 초기	新書 등	인의예지, 도덕, 민본	인의예지 사유 혼재, 제도개혁
도가	老聃	周?	춘추 말기	老子 (道德經)	도, 덕, 무위, 소국과민	세칭 老子. 이 름 李耳라 함
	列禦寇	鄭	전국 초기	列子	常生常化, 신인, 선약	현존본은 東 晉時 위작
	莊周	宋	전국 중기	莊子	齊物, 도, 無貴 賤終始	현존본은 후대 郭象 편집본
법가	管仲	齊	춘추 중기	管子 (현존본 위작)	도, 염치, 법, 경중	도가·유가·법 가 혼재, 잡가적
	商鞅	衛→秦	전국 초기	商君書	법, 耕戰, 殺詩 書, 明法	두 차례 변법, 부국강병 성공
	愼到	趙	전국 중기	愼子(일부만 전함)	세, 棄知去己, 權衡, 법	도가·법가 사유 혼재
	韓非	韓	전국 말기	韓非子	법술세, 形名 參同, 變古	법가이론 집대 성. 도가 흡수
명가	鄧析	鄭	춘추 말기	鄧析子	명실, 奉法宣令, 民和	현존본은 후세 위작
	惠施	魏?	전국 중기	惠子(전하지 않음)	인식상대성, 至大無外	장자의 친구. 魏의 재상
	公孫龍	趙	전국 중기	公孫龍子 (일부 존)	堅白同異, 白馬 非馬	혜시 노선을 따 름. 명가 대표
음양	鄒衍	齊	전국 중기	鄒子, 五德終始	오덕종시, 九州, 오행	작품 모두 전하 지 않음
묵가	墨翟	魯→宋	춘추 전국	墨子	天志, 겸애, 交利,非攻	楚 몰. 유가제 자로 유가 반대
종 횡 가	蘇秦	東周	전국 중기	蘇子 (전하지 않음)	合從, 외교	6국의 재상
	張儀	魏→秦	전국 중기	張子 (전하지 않음)	合縱連橫	秦·魏 재상 역 임. 소진과 동문
잡 가	呂不韋	衛→秦	전국 말기	呂氏春秋	도덕, 법, 겸애, 명실	백가 종합. 여 불위 빈객들 씀
	尉繚	秦	전국 말기	尉繚子 (후대 위작)	農戰, 상벌, 料敵後動	법가·병가의 종합 전략전술
	劉安	淮南	한 초기	淮南鴻烈 (淮南子)	原道, 정신, 음 양, 무위	회남왕과 빈객 들간의 논의

농가	許行	滕?	전국 중기	神農 (전하지 않음)	君臣並耕, 務農	『神農』등 농가서 佚書 일부
소설	鶡熊	楚?	서주?	鶡子說 (후대 위작)		현존본은 정치 주장 일색
병가	司馬穰苴	齊	춘추 말기	司馬法	以戰止戰, 禮仁 등 6덕	문무 겸전한 장군
	孫武	齊	전국 초기	孫子兵法	지피지기, 치란, 任勢	道·天·地·將·法등 병법
	吳起	衛─魏	전국 초기	吳子 (6편만 전함)	인화, 先和後出陣	증자 제자. 법가적 정치개혁
기타	左丘明	魯?	춘추 전국	春秋左氏傳 國語?	존왕, 重禮	개인이 쓴 최초 편년사
	屈原	楚	전국 중기	楚辭	擧賢能, 天問, 애국	귀족정치 비판, 시 騷體 기원
	扁鵲	渤海	전국	難經 (후세 위작)	望聞問切 4診, 醫術	미신·무당과 싸움. 경락학

이상은 주로 저작이 있거나 주장이 분명하여 백가의 서적에 자주 등장하는 인물들을 중심으로 구성하였을 뿐, 전체 모습을 담지는 못했다. 또한 위에서 언급했듯이 학파 분류가 절대적이라고 할 수도 없다. 관자의 경우 유가·법가·도가적 색채가 섞여 있으며, 신도는 법가와 도가를 겸한 잡가이다. 잡가는 말 그대로 뒤섞여 있다. 한나라 때 사상가들은 대개 황노사상의 영향을 받아 유가·도가·음양가 사상이 함께 녹아 있다.

도덕주의자들 : 유가

공자의 가르침

공자의 출현은 중국, 아니 인류의 큰 행운이다. 키 크고 잘
생겼으며, 구수한 목소리에 술 잘 마시고 사람 좋아하는 인간,
솔직담백하고 항상 세상일에 열변을 토하는 사람, 끊임없이
탐구하며 옳은 일에 고집불통인 공자는 참으로 위대한 정치인
이자 교육자였다. 독서와 사색을 겸하는 공부 방법, 재능에 따
라 달리 가르치는 교수 방법으로 공자는 그 이전 중화문명의
진수들을 집대성하여 유가 및 제자백가의 문을 활짝 열었다.

공자는 탁월한 언어감각을 지닌 학자이다. 예를 들어 공자
의 어록인 『논어』엔 "군자유(君子儒)가 되라"고 한다. 임금의

아들[君子]이라는 기존 개념에 도덕적 의미부여[儒]를 함으로써 군자의 뜻을 풍성하게 만들었다. 인(仁)이 그렇고, 예(禮)가 그렇고, 그의 철학적 개념이 모두 그렇다. 그러면서도 그는 "옛사람의 말을 옮겼을 뿐 창조하지 않았다"고 겸손해 한다. 예를 중시한 주나라에서 큰일을 치르는 의식에 밝은 유들은 예식을 돕는 상례(相禮)와 교육활동으로 생계를 꾸려갔는데, 공자는 거기에다 기존의 사상적 유산인 6예를 성공적으로 결합시켰다. 그리고 마른 고기 한 묶음만 가져오면 각지에서 찾아온 가난한 자, 강도·건달까지도 가리지 않고 열성으로 가르쳐 그들을 전통문화의 계승자로 만들어냈다. 참으로 위대한 역사의 기적이다.

그의 관심은 땅 위에 살아 숨 쉬고 있는 사람이었다. 자로가 귀신 섬기는 일을 묻자 공자는, "아직 사람도 섬길 수 없는데 어떻게 귀신을 섬길 수 있겠느냐?"(『논어』 「선진」)고 대답한다. 사람과 사회를 중요한 인식 대상으로 삼은 것이다. 그는 개인의 수양과 품덕을 특별히 강조한 도덕주의자였으며, 상식적인 인간관계를 중시한 다정다감한 사람이었다. 그는 이런 입장에서 과거의 일에 대해 연구하고 정의하였다. 예컨대 삼년상을 치르라치면 산 사람들에게 여러 가지 문제가 생긴다며 합리적인 항의를 한 재아를 어질지 못한 놈이라고 신랄하게 비판하면서, "자식으로 태어나 삼 년이 지나야 부모의 품에서 벗어나기"(「양화」) 때문이라는 인간적인 이유를 단다.

이렇게 전통의 현대적 해석에 성공한 공자는 기존의 『시』 『서』『예』『악』『역』『춘추』를 재정리했고, 이로써 유가는 경전을 갖춘 가장 영향력 있는 사상학파가 될 수 있었다. 고문 헌에 대한 선별·편찬이 문제가 될 수도 있으나, 체계적인 이론이 바탕이 되어 줌으로써 오히려 육경의 의미는 더욱 승화되었다. 『예기』「경해 經解」편은 공자의 육경에 대해, "사람 됨에 온유하고 돈후하란 것이 『시』의 가르침이다. 소통하여 멀리 알라는 것이 『서』의 가르침이다. 폭넓고 어진 삶을 살라는 것이 『악』의 가르침이다. 정밀하고 미묘한 것을 잘 재어 보고 헤아리라는 것이 『역』의 가르침이다. 공손·검약하고, 엄숙·경건하라는 것이 『예』의 가르침이다. 사건을 잘 비유하여 말을 하라는 것이 『춘추』의 가르침이다"라고 논평하고 있다.

공자의 제자들 가운데 일부는 정치적 능력을 발휘해 스승보다 높은 지위에 오른 사람도 여럿이었다. 하지만 대다수의 제자들은 각지로 흩어져 교육에 종사하면서 스승의 말씀을 나름대로 해석하기도 하고, 유복(儒服)이라는 독특한 복장을 하며 동질성을 드러내기도 하였다.

'유'가 한 학파의 칭호가 된 것은 공자의 사후 얼마 되지 않아서였다. 스승의 사상에 대한 이해 정도에 따라 제자들 사이에 급속히 분파가 생겨났다. 『순자』「유효」편은 이들을 여섯 등급으로 나누었고,5) 구체적으로 제자들 이름을 거명해 자궁(子弓)을 공자의 정통으로, 자사와 맹자를 정통을 이해하지 못하고 잡학한 사람으로, 자장(子張)씨의 유는 말만 그럴듯하게 늘어놓은 자들로, 자하(子夏)씨의 유는 의관만 정제하고 있는 사람들로, 자유(子游)씨의 유는 염치를 모르는 사람들로 비판하기도 한다. 『한비자』 「현학」편엔 "공자가 죽은 뒤 자장의 유, 자사의 유, 안(顔)씨의 유, 맹(孟)씨의 유, 칠조(漆雕)씨의 유, 중량(仲良)씨의 유, 손(孫)씨의 유, 악정(樂正)씨의 유가 있었다"고 말한다. 이렇게 여러 분파로 나뉘었다는 사실은 유가가 쇠락했다기보다 발전했다는 징표이다. 즉, 이러한 분파 투쟁을 통해 이론적 성숙이 이루어질 수 있었던 것이다.

이렇게 나뉜 초기의 유가 사상가들에겐 대체로 다음과 같은 공통된 사상 형식·개념·범주가 있었다. 정치와 윤리를 일체화시킨 스승의 가르침을 따라 학문과 정치 사이를 오간 유가 사상가들은 첫째, 선왕 특히 요·순(堯舜)과 문·무(文武)의 도를 자신들의 깃발로 삼았다. 둘째, 전통 문화유산이며 공자가 정리한 육예를 모든 교육과 삶의 모범으로 삼았다. 셋째, "예가 아니면 보지 말고, 예가 아니면 듣지 말고, 예가 아니면 말하지 말고, 예가 아니면 움직이지 마라"(『논어』 「안연」)는 가르침에 따라 군신·부자·귀천·상하·친소의 구분이 엄격한 예의를 숭상하였다. 넷째, 인·의·예·지·충·효·신·애·화·중(仁義禮智忠孝信愛和中) 등을 사회생활을 실천하는 데 공통된 기본 개념이자 범주로 삼았다. 다섯째, 모두가 공자를 최고의 스승으로 받들었다. 따라서 덕·중용·정명(正名) 등 공자의 주장은 항상 유가의 주된 관심 대상이었다.

공자의 추종자들

공자의 추종자들 가운데 가장 큰 사상적 성취를 하고 후대에 영향을 미친 사람은 맹가(孟軻, 서기전 약 371~289)와 순황(荀況, 서기전 약 336?~238)이다. 둘 다 공자의 정통을 계승하였다고 자부하면서 백성을 중시하는 왕도(王道)의 이상을 내걸고 다른 학파와 치열한 논쟁을 벌였다.

공자의 제자이자 손자인 자사의 학맥을 이었다고 자부한 맹자는 당시 불경기였던 유가를 옹호하며, 호경기를 누리고 있던 묵가와 도가 일파에 대하여 맹렬한 공격을 퍼부었다. 그는 호방한 언설로 제후들을 설득하여 화려한 대우를 받으면서 자신만이 천하를 바로잡을 수 있다고 큰소리치고 다녔다.[6] 또한 그는 "인심을 바로잡고, 사악한 학설을 그치게 하며, 그릇된 행위를 못하게 하고, 음란한 말을 막는 것"(『맹자』「滕文公下」)을 유학자로서의 정치적 임무라고 생각하였다.

당시 유행하던 인성에 대한 논란에 대해 맹자는 우물에 빠지려는 아이를 구하려는 측은지심을 예로 들며 "사람의 본성이 선함은 물이 낮은 데로 임하는 것과 같다"(「告子下」) "사람은 모두 차마 참지 못하는 마음이 있다"(「公孫丑上」)고 하였고, 동물과는 다른 인간 고유의 도덕이성이 있으며 그것이 선하다는 것을 입증하려 노력하였다. 그 "마음의 공통된 성질이란 무엇인가? 그것은 이(理)이고 의(義)이다."(「고자上」) 이렇게 인간의 내면으로부터 인의예지의 발단을 찾아냄으로써 유가 윤리도덕 관념은 더욱 견고한 기초를 다지게 되었다. 누구나 선한 본성을 갖추고 있다는 말은 곧 누구나 수양을 통해 성인이 될 수 있다는 말이다. 그에 따르면 선한 본성을 유지시키고 확충(擴充)시킬 수만 있으면 누구나 대장부요, 군자요, 요순(堯舜)이요, 대인이 될 수 있다.[7] 그러나 본성을 잃은 사람은 소인이니 통제와 지배의 대상이며 노동으로 먹고 살아야 하는 사람들이다. 여기서 알 수 있듯이 맹자는 인간이 동류(同類)·동성(同性)임을 긍정하면서도 등급 구별을 인정하였다.

맹자의 주장들은 거의 성선론에서 출발한다. 정치에 있어서도, "차마 참지 못하는 마음이 있으니 차마 참지 못하는 정치가 있다. 차마 참지 못하는 마음으로 차마 참지 못하는 정치를 하면 천하를 다스리기가 마치 손바닥 놀리듯 할 것이다"(「공손추上」)라고 말하고, 그리하여 백성들이 "위로 족히 부모를 섬길 수 있고, 아래로 족히 처자를 먹여 살릴 수 있으면"(「梁惠王上」) 왕도의 시작이라고 한다. 『맹자』라는 책은 그렇게 백성들이 모두 직업을 갖도록 해주고, 부세와 요역을 줄이며, 형벌을 가벼이 하고, 가난한 사람을 구제하며, 상공업을 보호해야 한다는 인정(仁政)에 대한 주장으로 가득 차 있다. 당시 군주 권력의 확장을 기도하는 현실에 대해서도 그는 도덕의 우위를 강조하며 민심을 우선시하는 이상주의자로서의 태도를 견지했다.

한편, 그보다 한 세대 뒤진 순자는 현실적인 입장에서 난무하는 백가의 학설에 치밀한 학문적 잣대를 들이대었다. 그는 제자백가의 학설을 두루 섭렵하여 그들의 약점에 대해 날카로운 비판을 가하였으며, 우주 자연의 이치에서 문화예술에 이르기까지 건드리지 않는 것이 없을 정도로 잡다한 관심을 보였다. 또, 자신만이 공자를 계승한 진정한 유가임을 천명하기도 하였다.

또, 순자는 "천지가 화합하여 만물이 생겨나고, 음양이 접촉하여 변화가 일어난다"(『순자』 「禮論」)고 전제하고, "하늘의 직무가 이미 서고, 하늘의 업적이 이미 이루어짐에 따라 형체가 갖추어지고 정신이 생겨난다"(「天論」)면서 사람이 천지 자연의 산물이라고 정의하면서 출발한다. 그의 인성론은 인간의 자연성을 전제하고 있다. "무릇 성이란 하늘이 이루어 놓은 것으로 배울 수도 섬길 수도 없다."(「性惡」) 이 본능적 성이 정(情)으로 드러나고 욕(欲)으로 표출된다. 그러므로 이와 같은, 후천적으로 표현된 본성의 결과는 악이 될 수밖에 없다. 다만 그는 "혈기를 지닌 족속 가운데 사람보다 지혜로운 것은 없"(「예론」)다고 보았다. 인간은 군거생활을 하고 정치를 할 줄 알며, 무엇보다도 맑고 텅 빈 심(心)을 가지고 있다. 따라서 그는 인간의 외재적 사회성에 개입하여 예로 절제시키고, 등급을 나누고, 분수에 맞게 욕망을 충족하도록 가르침으로써 도덕적인 사회를 만들 수 있다고 주장한다.

순자는 인의가 중심이 된 왕도주의를 추구하지만 이를 위해 패도 또한 이용 가능한 것으로 본다. 예로 통제하기 어려운 부분들은 법을 사용할 수 있다고도 한다. 물론 다른 유가 사상가들과 마찬가지로 치자에 대한 철저한 도덕성을 요구하며, 누구나 학문적 수양을 통해 성인이 될 수 있다고 말한다. 도 앞에선 만인이 평등하다고 주장하는가 하면, "말이 수레를 보고 놀라면 마차에 탄 군자는 불안해진다. 서인이 정치를 두려워하면 군주의 지위는 불안해진다.……'군주는 배요, 서인은 물이다. 물은 배를 실을 수도 뒤집을 수도 있다'고 한 것은 이를 두고 한 말이다"(「王制」)라고도 한다.

유학의 부흥이라는 기본 입장에 있어서는 동일했지만, 그 방법 면에서 맹자와 순자는 크게 달랐다. 맹자는 마음속에서 우러나오는 의를 중시했고, 순자는 외부에서 절제하는 예를 강조했다. 맹자는 선한 본성을 확충하는 방식으로 인정(仁政)을 행하라고 주장하고, 순자는 악한 성품을 교정하는 방식으로 예치(禮治)하라고 주장한다. 맹자는 자유로운 사유와 비판의 가능성을 열어두었고, 순자는 엄격한 학문과 통치자 중심의 사회질서를 강조했다. 진·한 통일제국에선 순자의 학문이 계승되었고, 그의 제자들에 의해 경학(經學)의 시대가 열렸다. 맹자는 인간의 내면을 중시하는 당·송 이래 새로운 성리학의 세계에서 되살아나 성인의 반열에 들게 되었다. 반면 외부의 규제를 중시한 순자는 그들에 의해 이단으로 배척되고 말았다.

공리주의자들 : 묵가

묵자와 묵가학파

묵적(墨翟, 서기전 약 468~376)은 하층계급 출신으로, 손재주가 탁월하여 적지 않은 실용 기술을 개발하였다. 그는 처음 "유자들의 업을 배웠고, 공자의 술을 받아들였다."(『회남자』「要略」) 그러나 나중에 유가에 맹렬한 비판을 가하였다. 묵자는 구체적으로 어떻게 세상을 이롭게 할 것인가를 고민하였다. 따라서 이익을 배척하고 추상적인 인의만 강조하며, 삶에 도움이 안 되는 화려한 장례 따위를 꾸미는 유가의 행위는 재물 낭비이며 결국 생업을 해칠 뿐이라고 생각하였다.

묵자는 스스로 학파를 만들고, 제자들을 엄격한 기율이 있는 단체인 묵자(墨者)의 일원이 되도록 하였다. 이 종교적 조직의 우두머리를 거자(鉅子)라 불렀다. 『여씨춘추』「거사 去私」편엔 다음의 고사가 실려 있다.

복돈(腹䵍)이 거자로 진나라에 살 때 아들이 살인을 하였다. 진혜왕(秦惠王)이 "선생의 나이가 지긋하신데 다른 자식이 없습니다. 과인은 이미 형리에게 명하여 죽이지 말라고 일러 놓았습니다. 선생께서도 과인의 말을 들으시지요"라고 말하자, 복돈은 "묵자들의 법은 살인한 사람은 죽이고 상해한 사람은 형벌을 줍니다. 이는 사람을 살상하는 것을 금지하기 위해서입니다"라고 대답하며 묵법에 따라 처리하였다.

이처럼 엄격한 조직과 기율을 갖추었던 묵자 집단은 문무를 결합하였으며, 번 돈의 일부를 집단에 헌납하여 사용하는 합작경제의 성격을 띠었다. 또, 전쟁은 어느 쪽이든 손해를 가져오므로 절대로 해서는 안 된다고 주장하였다. 전쟁의 기미가 있는 곳이면 적극적으로 찾아가 중지하도록 설득하였으며, 부득이한 경우 무예가 출중한 무리를 이끌고 공격당한 측에 가담하여 실제 방어에 임하기도 하였다.[8]

묵자가 죽은 뒤 묵가는 여러 분파로 나뉘었다. 『한비자』에 따르면, 상리(相里)씨의 묵, 상부(相夫)씨의 묵, 등릉(鄧陵)씨의 묵 등 셋으로 나뉘었고, 일부는 묵변(墨辯)이라 불리는 인식론과 논리 문제에 열중하였다. 묵자와 후학들의 저술을 모은 『묵자』에는 각 파의 논의가 망라되어 있는데, 거기엔 성벽 방어를 논한 군사 저술도 많이 포함되어 있다.

묵자의 주요 주장

묵자의 의(義)는 독특하다. 맹자의 의가 천성적 도리를 말하는 것이라면, 묵자의 의는 일종의 사회적 정의를 일컫는다. 그는 이 의가 제멋대로이기 때문에 세상이 혼란스럽다고 진단했으며, 의를 하나로 일치시킬 수 있으면 세상을 구제할 수 있다고 보았다. 그는 인구가 셀 수 없이 늘었는데도 "모두 제 의만을 옳다고 하고 다른 사람의 의를 잘못이라고 하므로"(『묵자』 「尙同下」) 사회 갈등이 생긴다고 보았다. "그리하여 안으로 부자형제가 원한을 짓고, 이산가족이 되어 서로 화합하지 못하며,……여력이 있어도 서로를 위해 힘쓰지 않고, 썩어 가는 재화가 있어도 서로 나눠 갖지 않으며, 좋은 길을 은닉하여 서로에게 가르쳐 주지 않으니, 천하대란이 일어나 마치 금수와 같아진다"(「상동上」)고 했다. 묵자는 동일한 의만 있다면 이 환란을 막을 수 있다고 보았다. 그래서 하늘로부터 임무를 부여받은 위대한 정치지도자의 필요성을 역설한다. 즉, "천하의 현량이며 성스런 지식인이며 지혜로운 변론인을 선택하여 천자로 삼아 천하의 의를 하나로 만드는 데 종사하도록 한다"(「상동中」)는 것이다.

그의 또 다른 처방은 사랑이다. 그는 사람들이 자신만을 사랑하고 타인을 사랑하지 않으며, 각자 자신의 주장만 내세우기 때문에, 즉 '1인 1의'하기 때문에 환란이 생기고, 사람 사이에 근본적인 화목이 어렵다고 보았다.[9] 만약 나와 남을 가리지 않고 겸애, 즉 "다른 사람의 나라를 제 나라 보듯이 하고, 다른 사람의 집안을 제 집안 보듯이 하고, 다른 사람 몸을 제 몸 보듯이 한다"(「겸애中」)면, 사회정의는 하나로 모아져 천자에서 서민에 이르기까지 조화로운 질서가 가능하다는 주장이다.

묵자는 겸애하면 교상리(交相利), 즉 서로 이익을 나누어 가질 수 있다고 주장한다. 그의 겸애론은 차별[別]을 통한 질서를 강조하는 유가에 대항하는 논리이며, 무엇이 사람의 삶에 이로운가를 고민한 결과이다. 거기에는 묵자의 인간에 대한 신뢰가 잔뜩 묻어 있다. 그는 모든 사람이 "복숭아를 던져 주면 더 좋은 오얏으로 보답한다"면서, "이렇게 사람을 사랑하는 자는 반드시 사랑을 받을 것이며, 사람을 미워하는 자는 반드시 미움을 받게 될 것이다"(「겸애下」)고 여겼다.

묵자는 경제적으로 사유제도를 옹호하고, 사유재산권의 침해에 반대한다. 또, 현인을 숭상하는 새로운 등급제도를 만들어야 한다고 주장하며, "군신상하의 은혜와 충성, 부모형제의 자애와 효도"(「天志中」)를 인륜도덕으로 삼아야 한다고 말한다. 어찌 보면 유가의 주장과 같지만 사실은 이익을 사회가치의 핵심으로 삼고 있어서 유가와는 상반된다. 문제는 사회가치를 일원화하는 그 방법 면에서 결국은 윗사람의 결정에 무조건 복종해야 한다는 전체주의적 발상으로 기울었다는 사실이다.10) 그러나 최고지도자가 하늘의 뜻을 충분히 소화해내고 문제의 본질을 꿰뚫고 있는 철학자라면, 현인들을 효과적으로 받듦으로써 전체주의의 위험에서 벗어날 수 있다.

묵자는 또한 연고주의를 버리고 평등하게 현인을 임용함으로써 사회 문제를 해결할 수 있다고 보았다. 그는 "나라에 현량한 선비들이 많으면 그 국가의 정치는 돈후하고", "현량한 선비가 적으면 국가의 정치가 부박하므로, 대인의 임무는 현자들을 많게 만드는 데 있을 따름이다"(「尙賢上」)라고 했다. 이처럼 상현을 통치자의 중요한 책무로 보았으므로, 현자들을 모으기 위해 "부유하게 해주고, 존귀하게 해주고, 존경해 주고, 명예롭게 해준 뒤라야 나라의 어진 선비들을 무리로 얻을 수 있다"(「상현上」)고 제안하기도 한다.

한편 묵자는 물질은 한계가 있으므로 절약하여 사랑의 마음으로 조화하여야 모두에게 이익이라고 주장한다. 묵자의 절용설은 소비 방면에서 경제재정 문제를 해결하려는 것이 아니다. 그는 생산이야말로 재화생성의 근본이며 용(用)의 전제 조건이라고 생각했다.11) 묵자는 무조건 아껴 쓰라고 이야기하지 않고 생활의 기본 수요를 만족시켜 주는 일정한 수준의 소비는 필요하다고 본다. 음식의 경우 "충분히 허기를 채우고 기력을 유지하며, 팔다리를 튼튼하게 하고 이목이 밝고 뚜렷하게 하여야 한다"(「節用中」)고 했으니, 다만 절용을 재화축적의 길로 본 듯하다.

묵자가 의에 합치하지 않는 전쟁에 반대하는 것도 재화를 축내고 결국 인간사회에 손해를 가져오기 때문이라고 판단했기 때문이다. 공격전쟁은 타인의 사유재산권을 침해하며, 군수물자를 사용함으로써 "얻은 바를 계산하면 오히려 잃은 것만큼 많지 못하고"(「非攻中」), "봄이면 백성들의 농사와 원예를 망칠 것이며, 가을이면 백성들의 수확을 망칠 것"(「비공下」)이므로 중단되어야 하는 것이다.

결국 묵자의 주장들은 어떻게 해야 인간사회에 이로우냐에 집중되어 있다. 역사의 눈으로 바라볼 때 묵자의 아름다운 바람은 현실적이지도 합리적이지도 못하다. 그래서 묵가사상은 진시황에 의한 통일제국이 이루어지자 순식간에 사라지고 말았다. 그 이유는 힘이 지배하는 시대에 사랑 이야기가 무의미해서는 아니다. 물질생산과 인구증가를 동시에 고려한 절용설 등 묵가사상의 핵심 주장들이 근거가 없어서도 아니다. 그것보다는 아랫사람은 윗사람의 가치에 순응해야 한다는 전체주의적 경향을 보이면서도 상하의 조화를 꾀하였고, 개혁을 이야기하면서 통치자의 적당한 양보에 기대는 이중성이 충돌을 일으켜 스스로 모순에 빠졌기 때문으로 생각된다. 실제로 후기 묵가들은 이론의 발전보다는 논리적 결함을 옹호하는 궤변에 빠져들었다.

자연주의자들 : 도가

도가의 일반적인 특징

　유가와 쌍벽을 이루며 중국 역사에 가장 오랫동안 강한 영
향을 미친 사상은 도가이다. 도가는 처음 도덕가 또는 도론(道
論)이라고도 불렸다. 이들은 유가나 묵가처럼 분명한 계통이
나 조직을 갖고 있지 않았다. 그럼에도 같은 부류라는 자의식
이 있었고, 다른 학파 사람들에게 독특한 사람들로 여겨졌다.
　그들의 공통된 자의식은 첫째, 대체로 황제와 노자를 종사
로 받들며, '도'라는 측면에서 노자만을 본종으로 삼기도 한
다. 『장자』가 특히 그렇다.12) 둘째, 사유방식·사용범주·개념
이 기본적으로 일치한다. 셋째, 뚜렷하진 않지만 일정한 계보

가 있다. 『장자』에 따르면 노자의 제자도 있었고, 직하학궁엔 도가의 제자가 매우 많았다.

도가 이론의 가장 기본이 되는 두 개념은 도(道)와 자연(自然)인데, 도에 따르고 자연을 본받는 것이야말로 이들의 핵심 범주이고, 전체 이론체계 존재의 기초이다. '도'는 내용 문제와 방법론적 의미라는 두 측면에서 접근할 수 있다. 도는 곧 우주와 사물의 본래적 근원을 대표한다.

혼연히 이루어진 무엇이 있어 천지보다 먼저 생겨났다. 고요하고도 적막한 데서 그것은 홀로 서 있을 뿐 그 무엇으로도 바뀌지 않으며, 그 어느 것에도 두루 돌아다니되 지치는 법이 없으니 가히 천하의 어머니라 할 만하다. 내 그 이름을 알지 못하나 자를 붙이면 도라 하겠고, 굳이 이름을 붙이라면 대(大)라 하겠다.(『노자』 25장)

도는 뿌리도 없고 줄기도 없으며, 잎도 없고 꽃도 없으나, 만물이 그로써 생겨나고, 만물이 그로써 성장하니 이름 하여 도라 한다.(『관자』 「內業」)

도는 행위는 없고 형체도 없다. 전해줄 수는 있으나 전해받을 수는 없으며, 체득할 수는 있으나 보여줄 수는 없다. 도는……천지보다 앞에 생겨났으면서도 오래되었다고 여겨지지 않고, 상고 시대보다 더 오래되었으면서도 늙었다고 여겨지지 않는다.(『장자』 「大宗師」)

이들의 말대로 도의 내용은 말로 풀어낼 수 없으나 하늘·

땅·사람을 포괄하는 사물의 총체적 규칙을 뜻하기도 하고, 자연 또는 인간사의 일상적 규율들을 가리키기도 하며, 사건·사물의 구체적 이치를 나타내기도 한다.

도가들의 책에서는 도의 내용보다 그것의 방법론적 의의를 더 중요시한 듯하다. 즉, 사람들에게 사물의 본질이나 상호관계·규율에 어떻게 대처할 것인지를 분석하고 연구하도록 유도한다. 도의 관점에 따르면, 어떠한 구체적 사물도 영원한 것은 없다. 모든 것은 변화한다. 어떤 사물도 고립된 존재가 아니라 복잡한 관계망 속에 놓여 있다. 이와 같은 방법론이 주는 깨우침은 구체적인 논술보다 더 의미가 있어 보인다.

일찍이 사마담이 지적했듯이 "도가는 사람들로 하여금 정신을 하나로 모으게 하고, 움직여 합해짐에 형태가 없는데도 만물을 넉넉하게 만든다. 그들의 방법은 음양의 큰 순응에 따르고, 유가와 묵가의 좋은 점을 채택하며, 명가와 법가의 핵심을 붙잡고 있다. 때에 맞추어 옮기고, 물질에 응하여 변화하며, 속세에 서서 일을 처리하는 데 적절하지 않음이 없다. 가리키는 것은 작아도 쉽게 붙잡으며, 일은 적게 해도 공은 많다."(『史記』「太史公自序」) 사마담의 이 말이 도가의 전체 모습을 잘 설명하고 있다고 할 수는 없으나, 자연에 순응한다는 도가사상의 또 한 가지 특징을 잘 드러내 주고 있다. 『노자』는 "자연을 본받자"고 주장하고, 『장자』는 "하늘과 합일하고" "천지와 하나가 되라"고 주장한다. 사람은 전체 자연계를 구성하는 일부이므로 대자연의 구속을 받는데, 사람은 그 속에서 자연의 규율과 제약에 순종해 행동해야 한다. 다만 자연 과정과 규율이 구체적으로 무엇인지, 어떤 방식으로 자연을 본받을 것인지에 대해서는 사상가마다 제각기 인식과 주장을 달리했다.

도가는 자연을 중시하지만 사회를 멀리하지도 않는다. 그들은 산속의 은거를 꿈꾸지 않았으며, 오히려 사람들을 거친 세상으로부터 구제하려는 열망으로 가득했다. 그 방법은 유가나 묵가에서 보이는 인위적인 개입이 아니라, 고도의 술수를 통해 자연스럽게 질서를 잡아가는 무위이치(無爲而治)였다. 다만 그 강도가 서로 달랐다.『노자』는 음(陰)·유(柔) 등 약용(弱用)의 술을 통한 군주의 남면(南面)술을 주장한다. 마왕퇴의 백서『노자』는 더 적극적인 입장을 보인다. 양주(楊朱)는 인간의 사회성보다 개인의 독립과 자주를 소중히 여겼고,『장자』는 더 나아가 정치적 간섭을 최소화시켜 사람을 자연과 융화하도록 놓아두어 본래 인성을 회복함으로써 세상의 감옥에서 풀려날 수 있다고 주장한다.『관자』가운데 도가 관련 작품들은 하늘과 사람 및 자연의 과정에 순응해야 한다고 하는데, 이들이 말하는 '무위'는 주로 통치자의 주관적 행위가 하늘과 사람의 자연 과정에 서로 부합되어야 함을 가리키며 정인(靜因)술 등 비교적 구체적인 정치관을 드러낸다.

『노자』와『관자』가운데 도가 및 마왕퇴『노자』의 저자들은 제자백가의 다른 유파들과 마찬가지로 적극적으로 사회를 개조하려는 의지가 있었고, 따라서 통치자와 민간 모두에게 폭넓은 지지를 얻을 수 있었다. 한나라 초엽, 제국의 황제들이 황노사상을 통치의 교과서로 삼은 것은 우연이 아니다. 반면 양주와 『장자』는 군주와 제후들을 승냥이 무리라고 질타하며, 일체의 정치에 반대하고 비협력주의를 표방했다. 인민의 편에 서면서도 정신적 만족과 초탈을 추구하는 이들의 논리는 정신적 마취제로 자칫 독재자에게 악용될 소지가 있었는데, 위진 남북조 시대처럼 대 혼란의 시대에 크게 조명을 받았다.

노자·장자 및 황노사상

굽힘만 보이고 뜻을 펼침이 보이지 않는다.……굽힘만 있고 펼침이 없으면 귀천이 구분되지 않는다.(『순자』「천론」)
세상에서의 공적을 쌓는 따위를 만족해 하지 않고 조용히 홀로 신명과 더불어 살아갔다.(『장자』「天下」)
노담은 부드러움을 소중히 여겼다.(『여씨춘추』「不二」)

제자백가들은 노자를 위와 같이 평가했다. 그러나 『노자』를 정밀하게 읽으면 조용한 가운데 감추어진 적극적인 실천 의지를 읽을 수 있다. 굽힘으로써 뜻을 펴고 있으며, 부드러움을 주장했다기보다 부드러움을 도구로 삼으라는 요청이다. 단순히 사물의 모순과 대립을 이야기한 것이 아니라 유(柔)·약(弱)의 작용을 전면적으로 밝혀주고 있다.

넓고 깊은 노자사상은 풍부한 철학적 내용과 사회인생관을 담고 있는데, 그 최고 범주가 바로 '도'이다. 노자에 있어서 우

주 자연의 도는 매우 모호한 개념이다.13) 그에게 도는 자연적
이고, 독립적이며, 명사로 표현할 수 없는 존재로 '천하의 어
머니'요 만물의 근원이다. 노자는 '도'의 원칙이나 운동 형식,
또는 그것을 어떻게 운용할 것인지에 대해선 잘 말하지 않는
다. 다만 도의 법칙과 운동 형식으로 가장 이상적이고 완벽한
존재양식이 있는데, 그 법칙이 바로 자연이라고 생각하였다.14)

노자의 도는 또 사회인생관을 반영하고 있다.15) 그는 인류
의 수많은 작위는 자연의 큰 도와 배치되는 것이므로 잘못된
것이고, 사회역사가 한 번 진보할 때마다 도는 쇠미해지고 덕
은 퇴행한다고 주장한다.16) 이 잘못된 세상을 구제하는 적극
적인 방법이 무위이다.

노자가 주장하는 무위의 핵심은 두 가지이다. 하나는 통치
자에게 활동을 감소시키라고 권고하는 것이며, 하나는 백성들
에게 유위의 조건을 잃도록 만드는 것이다. 통치자는 "지나침
을 버리고, 사치함을 버리고, 교만함을 버려"(『노자』 29장)야
한다. 구체적으로 말하면 주로 세금을 줄이고, 형벌을 가볍게
하며, 용병에 신중하고, 절약을 숭상함을 가리킨다. 백성들에
대해서는 지혜와 욕망의 제거, 즉 물질생활과 정신생활에 대
한 추구를 제거함이 무위의 관건이다. "성인의 정치는 그 마음
을 비우고, 그 배를 채우며, 그 뜻을 약하게 하고, 그 뼈를 강하게
하여 항상 백성들로 하여금 무지무욕하게 하고, 지혜로운 자로
하여금 감히 행동하지 못하게 한다. 무위정치를 하면 다스려지
지 않음이 없게 된다."(3장) 여기서 노자사상을 여러 가지 정치

적 권모술수와 연결시킬 단서를 찾을 수도 있다.

한편 장자는 오천 금을 들고 자신을 재상으로 초빙하러 온 초나라 사신을 이렇게 놀렸다.

> 천금이라면 굉장한 이득이고 경상이라면 높은 지위지요. 당신은 교(郊) 제사에 올리는 희생인 소를 본 적이 없소? 수년을 잘 먹여서 기르고 수놓인 비단을 입히는 것은 죽여 태묘(太廟)에 들여보내려는 것 아니오. 그 지경이 되었을 때 외로운 돼지새끼가 되려한들 가당하겠소? 당신 빨리 사라지시오. 날 욕보이지 마시오. 난 차라리 더러운 도랑에서 유회하며 스스로 즐길지언정 제후들의 재갈 물린 말고삐가 되지 않겠소. 평생 벼슬하지 않음으로써 내 뜻을 즐기겠소.(『장자』「秋水」)

이처럼 장자는 변덕스러운 세태에 대하여 독특한 안목을 가지고 있었으며, 정치에 대해서는 부정적·냉소적·소극적 태도를 지닌 것으로 보인다.

장자가 보기에 사람은 자연적 존재 형식의 하나이므로 본성 또한 자연계의 다른 사물과 마찬가지로 자연 속에서 찾아야 한다. 인성은 오리 다리가 짧고 학의 다리가 긴 것처럼 모두 자연에서 타고난 것이다.[17] 장자는 원초적으로 생성된 인간의 본성이 주관적 능동성을 지녔다고 본 듯하다. 이 자연 상태의 인간의 능동성을 해치는 것이 정욕이고,[18] 인간사회의 정치·경제·인륜도덕 따위는 이런 정욕을 부추겨 자연의 본성을 해치는 악이라고 보았다. 따라서 마음속 계산을 없애고, 일체의 욕망을 끊으며, 모든 사회관계에서 벗어나 먹고 입는 것으로 족한 천방(天放)생활로 돌아가야만 사람은 순수한 자연 상태를 유지할 수 있다는 것이 장자의 생각이었다.19) 그러나 이는 진짜로 모든 사람이 자연 속에 파묻혀 동물과 더불어 살아가라는 주문이라기보다 정신 양성을 통해 인간사회에 갈등과 투쟁이 없는 자연 상태의 즐거움을 찾아내야 한다는 것으로 보인다.20) 자기를 망각하라, 하늘과 하나가 되라, 자신을 없애라, 형체와 생명을 보전하라, 외물 때문에 자신을 그르치지 말라, 외물은 맡겨두고 마음은 유유자적하라, 도와 덕에 맡겨두고 떠나라 등등 장자의 주문은 모두 이와 관련이 있다.21)

노자·장자 외 제자백가들 사이에 가장 널리 언급된 도가 사상가는 양주이다. 전국시대 초기에 양주는 광범한 영향력을 가진 듯하다. 맹자와 순자 등 유가 사상가들은 매번 양주가 제 몸만 생각하고 자신만을 위한다고 맹렬히 공격하였다. 실제로 양주는 "본성을 온전케 하고 참됨을 지키며, 외부물질 때문에 형체가 연루되지 않도록 하는 것을"(『회남자』「氾論訓」) 이론 바탕으로 삼았다. "털 한 올을 뽑아 천하의 이익이 있음에도 하지 않는"(『맹자』「盡心上」) 양주의 개인독립 자주사상은 남에게 무엇을 강요하는 사상과는 상반된다. 그는 개인의 독립 자주가 타인에게 억압이 되어선 안 된다고 생각한다.

양자가 송나라에 가다가 한 여관에 묵었다. 그 여관 주인에게 첩이 둘 있었는데, 하나는 아름답고 하나는 못생겼다. 그런데 못생긴 여자는 고귀하고 아름다운 여자는 천했다. 양자가 그 연유를 묻자 여관 사환이 대답했다. "아름다운 여자는 스스로 아름답다고 하는데 난 어디가 아름다운지를 모르겠어요. 못생긴 여자는 스스로 못생겼다고 하는데 난 어디가 못생겼는지를 모르겠어요." 양자가 말했다. "제자들은 잘 기억하거라! 현명하게 행동하면서 스스로 현명한 행동을 했다는 생각을 버리면 어찌 사랑스럽지 않으리!"(『장자』 「산목」)

이밖에 마왕퇴 백서 『노자』는 도가사상의 다른 측면을 이해하는 데 큰 도움을 준다. 주로 고대부터 전해 오는 황제의 전설을 고스란히 수용하고 있으며, 황제와 군신의 대화를 실은 적극적인 사회 참여사상을 보이고 있다. 기본 사유는 도가에 속하며 뿌리 또한 도에 귀결되지만, 제자백가의 성질을 종합하여 하늘에 순종하여 인간사를 정리할 것을 주장하고, 이치에 따를 것을 강조하며, 형명(形名) 분석을 하고 있다는 점에서 한나라 초 통치사상인 황노사상을 대변하고 있다고 보는 것이 옳을 듯하다. 예컨대 "다투지 않으면 또한 성공하지 못한다"(『十六經』 「五政」)라는 말은 노장적이라기보다 정치적 권모술수에 가깝다.

현실주의자들 : 법가

초기 법가

법가 사상가들 대부분은 실제 국가행정에 참여하였고, 부국
강병이란 현실에 충실한 사람들이었다. 그들은 사상이나 이론
을 수단으로 생각하였기 때문에 스승의 계보를 중시하지 않았
으며, 같은 학파로서의 동류의식도 희박하였다. 그러나 다른
학파와는 분명한 차이가 있었으며, 자신들을 법술지사(法術之
士)·법사(法士)·경전지사(耕戰之士) 등으로 부르곤 했다.

'법(法)'이란 뿔이 하나 달린 동물이 소송 당사자들 사이에
있다가 범죄자에게 돌진해 들이받는 것을 형상화한 글자이다.
법의 원래 의미는 형벌로서의 의미와 국가 행정제도라는 두 가
지 의미를 지닌다. 법가 사상가들의 공통된 특징을 귀납하면 크

게 다음의 몇 가지로 요약할 수 있는데, 첫째, 법의 작용을 특별히 강조한다. 법으로 일체를 처리하며, 모든 행위규범을 입법 형식으로 명확히 규정하고, 백성들에게 이를 상세히 알려야 한다고 주장한다. 입법권은 군주의 손에 의해 조종되지만, 입법할 때에는 반드시 다음과 같은 객관적 근거를 고려하라고 말한다. 즉, '하늘의 도에 순응하였는가?' '시대의 변화에 따랐는가?' '사람의 성정에 기인하였는가?' '사물의 이치를 좇았는가?' '실현가능성을 헤아렸는가?' 등이 그것이다. 이렇게 일단 만들어진 법은 입법자라 하더라도 반드시 공적 집행을 하여야 한다. 법가 저작의 상당 부분은 바로 이 엄격한 신상필벌에 관한 논의이다.

둘째, 농사와 전쟁, 즉 경전(耕戰)을 강조한다. 법가는 실력이야말로 사회 모순을 해결하는 기본 수단이라고 생각했다. 그들은 힘을 중심으로 역사 과정을 분석하여 천하통일을 할 수 있을 것이라 예측하였다. 그 힘의 원천인 농사를 위해 상업의 억제와 황무지의 개간 정책을 내세우고, 전쟁 승리를 위해 공이 있는 사람에게 명예와 이익을 동시에 보장하는 작위등급제와 보갑(保甲, 10호 단위 연좌책임제)·고간(告姦, 주민 상호고발 시스템) 등의 제도를 구상하였다.

셋째, 군주 전제와 독재의 강화를 외친다. 법가는 도가의 기본 사상을 받아들이며 도와 군주를 일체화시킨다. 『한비자』에 따르면 만물이 도에 의해 움직이는 것처럼, 인간사회는 군주라는 유일자에 의해 조종된다. 그것은 권세 때문에 가능하다. 군주는 세(勢)가 있으므로 최후의 독단적 결정권을 장악한다.

법가사상에 따르면 군주는 모든 인민들의 생계를 통제할 뿐만 아니라 사상·문화까지도 통제하여야 한다. 그리고 법을 아는 관리들만이 사회가치의 유일한 판단자가 되는 이리위사(以吏爲師) 정책을 제시하였다.

넷째, 법가 사회 이론은 역사는 변화한다는 변고(變古)설과 사람의 본성은 이익을 좋아한다는 인성호리(人性好利)설이 그 바탕이다. 『상군서』와 『한비자』는 역사를 상세·중세·하세로 세분하고 각 시대의 특징을 설명하고 있으며, 역사적 소통도 중요하지만 현실적 검증이 더 중요하다고 역설한다. 또, 법가는 사람의 본성은 이익을 좋아한다고 단정한다. 본성의 개조 따위는 운운할 필요도 없으며 그것을 잘 이용하여 군주, 즉 국가의 이익에 도움이 되도록 유도해야 한다는 주장이다.

다섯째, 법가 사상가들의 주요 개념과 범주는 주로 법·세·술(術)과 형상(刑賞)·이(利)·공사(公私) 등이다.

이상 법가들의 기본 경향은 일치하지만 사상가마다 각각 개성과 특성이 있다. 그러나 "진과 한의 옛 법률은 그 전문이 위문후(魏文侯)의 사부인 이회로부터 시작되었다"는 『진서晉書』「형법지」의 기록에서 보듯, 토지제도 개혁·변법·농업 중시 등 법가의 일관된 정책 및 사상은 이회로부터 시작되었다고 볼 수 있다. 다만 애석하게 그의 저작은 유실되고 없다.

초기 법가의 모습은 저작이 남아 있고, 주장도 선명한 상앙(商鞅)·신도(愼到)·신불해(申不害)를 통해 찾을 수 있다. 이들은 모두 맹자와 같은 시대에 활동을 했다. 신도는 권세의 장악이 정치활동의 전제 조건이라고 강조한다.[22] 그는 분명 성현을 숭상하라는 유가·묵가와는 주장을 달리하고 있다.

강대국 사이에 낀 작은 한(韓)나라 재상으로 15년 동안 튼튼하게 나라를 지켜낸 신불해는 신하를 부리는 군주의 술을 중시했다.[23] 그의 여러 가지 술은 군주와 신하가 양 극단에서 이해를 달리하고 있다는 전제에서 출발한다.

중국 역사상 가장 탁월한 정치개혁을 성공시킨 상앙은 "세상을 다스리는 데 한 가지 방법만 있는 것이 아니며, 나라를 편안케 하는 데 옛것을 본받을 필요가 없다"(『상군서』「更法」)며 세상의 변화에 맞추어 법 제도 또한 바뀌어야 한다는 역사관을 소유하였다. 또, "백성들의 부귀에 대한 욕구는 관 뚜껑을 닫은 뒤에야 그친다"(「賞刑」)며 명리를 바라는 인간의 본성을 충분히 이용하여 경전 정책을 실시하면 부국강병을 달성할 수 있다고 주장한다. 인민들에게 군국주의 교육을 실시하여 전투를 즐기게 만드는 한편, 형벌로 겁주고, 상으로 풀어주며, 농경을 장려하고, 행정관리를 강화한 상군의 실천은 진나라가 천하를 통일하는 데 가장 중요한 밑거름이 되었다.

한비자의 법가 집대성

사상적으로 법가를 완성시킨 사람은 순자의 제자인 한비였다. 제자는 스승과 정반대의 길을 걸어 유가를 신랄하게 비판하였지만 어디에서도 스승을 언급한 곳은 없다. 존경해서였으리라. 순자는 평생의 학문적 노력을 통해 제자백가 사상을 집대성하였고, 한비는 뛰어난 머리로 법가사상을 집대성하였다. 말더듬이였으나 글은 훌륭하여, 진시황이 "오호라! 과인이 이 사람을 만나보고 더불어 놀 수 있으면 죽어도 여한이 없겠다"(『사기』「노장신한열전」)고 할 정도였다.

한비자는 현실과 역사에 대한 냉정한 분석에 의거하여, 우화를 통해 구체적인 방법들을 얘기한다. "상고에는 도덕을 겨루었으며, 중세에는 지모를 쫓았고, 당금은 기력을 다투는데"(『한비자』「五蠹」), 과거와 같은 도덕주의만 지향한다는 것은 토끼가 와서 나무 그루터기에 부딪혀 죽어주기를 하염없이 기다리는 수주대토(守株待兔)의 어리석은 무리라고 힐난하며, 또 "의사가 사람들의 상처를 잘 빨아주고 사람들의 피를 입가에 머금는 것"(「備內」)이나, 수레 만드는 이가 다른 사람들이 부귀해지기를 바라고, 관을 만드는 이가 다른 사람들이 죽기를 바라는 것은 모두 이익 때문이라는 현실적 인성론을 제기한다.

또, 한비자는 중국 역사상 처음으로 군신관계가 매매관계라고 말한 사람이다.[24] 그는 군주의 이익이 곧 국가의 이익이라고 생각하였고, 신하에 대한 통제 또한 군주의 이익, 즉 국가의 이익이 된다고 생각하였다. 그러기 위해서 군주는 절대적 세를 가지고 공평무사한 법을 집행하여야 하며, 효율적인 술로 신하를 통제해야 한다는 법·술·세를 혼용한 법가정치를 주창하였다. 이 입장에서 그는 초기 법가 노선을 비판하였다. 상앙은 법은 알았으나 술이 없어 법 또한 다하지 못했으며, 신불해는 술은 알았으나 법에 통달하지 못해 술 또한 다하지 못했다고 말한 적이 있다.25) 또, 신도의 세에 관한 주장은 미진했다고 보았다.26) 특히 한비자는 신하 제어술에 대하여, 노자 사상을 흡수하여 독보적인 권모술수의 경지를 열었다.27)

한편 한비자는 정치에 관한 논의, 특히 조국 한나라의 정치 상황을 감안한 강간약지(强幹弱枝)의 필요성을 설명하는 데 많은 지면을 할애하였다. 그러나 "국부는 농사에 달려 있다"(「오두」)는 주장에서처럼 경제 방면의 중본억말(重本抑末) 사상 또한 대단히 구체성을 띠고 있다. 자연의 규율에 따르고, 농사철을 위배해서는 안 되며, 땅을 다루는 농사 지식을 익히도록 하고, 새로운 농사 도구를 개량하고, 낭비를 최소화해야 한다는 등 농업생산력을 높이는 방법에 집중하였다.

전국시대 사회 변동의 와중에서 법가는 그 변동을 가장 민감하게 반영하고, 가장 세밀하게 관찰하였다. 그들은 전쟁과 형벌을 사회 모순을 해결하는 유일한 길로 여겼다. 전쟁을 통해 천하통일을 하면 전쟁이 없어질 것이고, 형벌을 통해 사회적 죄악이 없어지면 마침내 형벌도 없어진다는 것이 그들의 생각이었다. 또, 실용적인 지식이나 법을 해석하는 관리만을 스승으로 섬기도록 하고 일체의 학문사상을 금지시키라고 주장한다. 한비자와 같이 순자에게 동문수학한 이사는 진시황의 재상을 하면서 강력한 법가 정책을 시행하였다. 그리하여 군주 전제제도와 중앙 집권에 큰 공헌을 하여 중국을 제국으로 만드는 데 성공하였다. 그러나 인간 이성에 대한 신뢰와 문화 이상의 결여로 법가사상 자체는 생명력을 점차 상실하게 되었다.

논리주의자들 : 명가

명가의 변천

춘추전국시대는 대 웅변의 시대였다.

군자이면 반드시 변론한다. 사람은 누구나 자기가 잘하는
것을 말하기 좋아하는데, 군자가 특히 심하다.(『순자』「非相」)

사회 문제의 해결보다 변론 그 자체를 문제 삼은 일군의 사
상가들을 명가라 부른다. 순자는 변론하는 사람들을 성인변론
가·군자변론가·소인변론가로 나누면서 명가를 소인변론가로
깎아내렸다.

춘추시대 말기 정나라에 등석이란 사람이 있었다. 그는 어떤

사건이든 이렇게 볼 수도 있고 저렇게 볼 수도 있다는 양연(兩然)설·양가(兩可)설을 제기하였다. 그는 대가를 받고 크고 작은 소송 사건을 자유자재로 변론하여 승리로 이끌었다. 끝내는 국기문란죄로 자기 덫에 걸려 형장의 이슬로 사라졌지만, 말과 논리에 대한 관심은 그로 인해 큰 인기를 얻었다. 이 변론의 풍토는 전국시대 백가쟁명의 환경 하에서 크게 유행하였다.

명가는 전문적으로 변론을 일삼음으로써 이름을 떨쳤다. 명가 호칭은 형명(刑名)→형명(形名)→명(名)으로 바뀌어 왔다. 형명(形名)으로 바뀐 것은 명·실관계를 형벌이라는 정치적 사건에만 적용하는 것이 아니라 모든 일반 사물에도 보편적으로 적용하게 되었음을 뜻한다. 정치적·사법적 변론뿐만 아니라 일반 사회적 담론에서도 변론이 유행하게 되었다는 말이다. 형명은 자연과 사회의 일반 원리까지 포함한다. 형명에서 명으로 바뀐 것은 변론의 경향이 형(形)을 떠나 명(名)으로 옮겨 갔음을 의미한다. 즉, 바깥 사물에 대한 변론으로부터 이름이 갖는 본래적 의미, 명사 자체의 논리적 함의 등 진리를 찾는 순수한 논리개념 범주로 분석의 방향이 바뀌었다는 말이다.

등석자 시절 형벌에 관한 논리가 삼라만상을 포괄하는 형(形)이란 넓은 개념으로 발전하고, 이것이 오늘날의 인식론과 논리학에 상당하는 명으로 발전한 것이다. 순수이성을 향한 이와 같은 발전은 어쩌면 춘추전국 제자백가들의 정신적 성취에 따른 자연스런 결과일 수 있다.

그러나 애석하게도 당시 중앙 집권적 정치 환경 하에서 진리의 상대성을 이야기하는 순수이론의 발전은 기대하기 힘들었다. 명가는 그래서 급속히 시들고 말았다. "등석으로부터 진(秦)나라에 이를 때까지 명가는 세상에 그 책들이 많이 있었는데, 따라 알기가 자못 어려웠고 후학들이 이를 다시 이어 학습하지 않게 되었다. 그래서 최근 5백여 년에 이르러서 망실되어 끊기게 되었다."(晉 魯勝, 『墨辯注叙』)

사상적 발전이 멈추고, 진·한 이래 전제왕권 하에서 혹독한 비판을 받으면서, 명가 인물들의 저작은 대부분 유실되었다. 청나라 때 『사고전서』에 이르면 아예 명가라는 이름마저 취소하여 윤문(尹文)·공손룡(公孫龍) 등을 잡가로 분류하고 있다. 그러나 당시 명가는 워낙 명성이 높아서, 명가사상을 연구할 수 있는 일부 남은 자료들 외에, 제자백가의 다른 책들 가운데서도 대표 인물들의 편린을 많이 발견할 수 있다.

명가의 관심사

등석은 형명론과 양가설, 즉 정치가로서의 입장과 변론가로서의 입장을 동시에 지녔다. 등석은 "옳고 그름에 원칙이 없어 가능한 것과 불가한 것이 날로 변하였다. 소송에 승리하고자 하면 승리하게 만들었고 유죄를 내리고자 하면 유죄를 내리게 했으니"(『여씨춘추』「離謂」), 정나라는 크게 혼란스러워졌다. 그리하여 재상 자산이 등석 자신이 쓴 『죽형 竹刑』이란 형률 규정에 따라 그를 죽이자 비로소 민심이 복종했다. 『등석자』의 사상은 지극히 잡박하다. 군주에의 권력 집중을 주장하는가 하면 병가의 권모술수, 도가의 세속에 대한 분노와 질시 등이 뒤섞여 있다.[28] 또, 그는 군주와 인민의 관계에서 군주가 목적이고 인민은 도구라고 생각하기도 했다.[29]

한편 윤문자 사상의 특징은 형명으로부터 법술로의 진입이다. '도'를 본체로 삼고 있지만, 사상의 주요 구성은 형명관계에 투영되어 있다. 그가 형명관 속에 도를 끌어들인 까닭은 사유의 필연성을 얻기 위해서였다. 그의 주된 관심은 도와 형명의 정치적 운용에 있었던 듯하다. 그는 도를 무조건 추종하지는 않았다.

> 도(道)로 충분히 다스릴 수 없으면 법(法)을 쓰고, 법으로 충분히 다스릴 수 없으면 술(術)을 사용하고, 술로 충분히 다스릴 수 없으면 권(權)을 쓰고, 권으로 충분히 다스릴 수 없으면 세(勢)를 사용한다. 세가 사용되면 권으로 되돌아가고, 권이 쓰이면 술로 되돌아가고, 술이 사용되면 법으로 되돌아가고, 법이 쓰이면 도로 되돌아가며, 도가 쓰이면 무위하여도 저절로 다스려진다.(『윤문자』「大道上」)

등석과 윤문자가 다분히 법가적 입장에서 형명론에 치중했다면, 혜시와 공손룡은 정치에 힘을 쏟긴 했지만 오히려 양가설을 극단적으로 발전시켜 개념 분석과 명사적 용법에 대한 논의에 열중하였다. 명가의 주류는 바로 이들이다.

혜시는 다섯 수레의 저술과 탁월한 언변으로 천하에 이름을 날리고, 생전에 천하 5대 학문의 하나로 유행할 정도였다. 그

가 "한 번 화를 내면 제후들이 떨었고, 편안히 거처하면 천하
가 쉬었다"(『전국책』「魏策」)고 한다. 그러나 죽은 뒤엔 절친
한 친구였던 장자의 저술 속에 그 주장의 일부만 전할 뿐이다.
"지극히 작은 것은 안이 없다" "산과 연못은 평평하다" 등 사
물을 뛰어넘는 10가지 일에 대한 혜시의 주장은 사물을 보는
상대적 관점을 역설하고 있다. 그는 일체의 존엄을 부정하는
거존(去尊)을 이야기하고, 전략적 세력 균형을 통한 평화 공존
과 전쟁 중지를 주장하기도 했다. 하지만 거존은 지존에 대한
부정으로 비쳐져 왕권 옹호론자들의 비판 대상이 되었고, 전쟁
중지론은 통일을 향한 사회 추세에 반하는 것으로 오해받았다.

혜시가 같음과 다름을 하나로 합해 생각하는 합동이(合同異)
를 다루었다면, 공손룡은 명분과 실질을 나누어서 본질을 파악
하려는 별동이(別同異)을 주장하였다. 공손룡은 혜시의 다른 것
가운데서 같은 것을 구하는 일면을 지양하고, 전적으로 '다름'
만 구한다. 이 점은 그의 백마비마(白馬非馬)론 속에 특히 잘
드러나 있다. 그는 "말[馬]이란 형태를 명명한 바이다. 희다[白]
란 색깔을 명명한 바이다. 색깔을 명명한 것은 형태를 명명함이
아니다. 그래서 흰 말은 말이 아니다"(『공손룡자』「白馬論」)고
말한다. 논리와 실재의 괴리를 반영하여 실재하지 않은 '말'이
란 개념의 장애를 뛰어넘어 백마라는 실재를 파악할 수 있도록
한 것이다. '딱딱한 흰 돌'이란 있을 수 없고, 딱딱한 돌과 흰
돌은 분리되어 이해해야 한다는 이견백(離堅白) 논의도 같은
맥락에서 명실을 바로잡아 천하를 바로잡으려는 시도였다.

우주론자들 : 음양가

음양오행설

음양의 첫 의미는 햇볕의 향배를 가리켰다. 해를 향하면 양이고, 해를 등지면 음이다. 이것을 나중에 사상가들이 빌려 쓰면서 물질의 대립되는 두 가지 상반된 현상을 표시하는 것이 되었다. 그리고 거기서 더 나아가 일체 사물이 모두 음과 양두 측면으로 구성되었으며, 음양의 대립투쟁으로 말미암아 사물의 운동변화가 이루어진다고 생각하기에 이르렀다.

오행이 가리키는 것은 물·불·나무·쇠·흙이다. 고대 사상가들은 수화목금토(水火木金土)를 만물을 구성하는 원소로 여겼다.[30] 생활필수품으로 여겨져 5재(五材)라고도 불렸으며, 이

것이 발전하여 우주 만물의 관계에 대한 총체적 정의로 나아 갔다. 그리고 오행 상호간 관계에 대한 추상적·철학적 성찰을 거듭한 결과, 오행은 개체 대상에 대한 원소적 의미에서 아주 멀어지고, 사물 간의 관계에 대한 연구를 주로 하게 되었다.

먼저 오행과 만물의 관계는 주로 종류 구분에서 드러난다. 오행 가운데 한 가지 원소는 한 종류의 사물을 대표한다. 예컨 대 당시엔 간지로 오행을 배치하였는데, 오(午)는 불이고 남방 을 대표하며, 경(庚)은 쇠이다. 그러니 "태양이 변환하는 경오 날에 남방을 공격하면 성공하지 못한다"(『좌전』 소공 31년)라 는 식이다. 설명하기 어려운 부분이 있긴 하지만 오행의 매개 원소가 일부 사물을 대표할 수 있는 것은 분명하다.

오행 자체를 보면 서로 제약적 관계에 있다. 하나는 서로 살리는 원리인 상생(相生)설로 '나무가 불을 낳고, 불이 흙을 낳고, 흙은 쇠를 낳고, 쇠는 물을 낳고, 물은 나무를 낳는다'이 다. 다른 하나는 상대를 이기는 원리인 상승(相勝) 혹은 상극 (相剋)설로 '목은 토를 이기고, 금은 목을 이기고, 화는 금을 이기고, 수는 화를 이기고, 토는 수를 이긴다'이다. 상승 혹은 상극설은 춘추시대에 벌써 초보적으로 이루어졌었다.

사물 간의 연계에 관한 생각은 언제든 사람들의 관심거리 이다. 음양오행사상은 제자백가들에게 다양한 영향을 미쳤다. 전국시대엔 음양오행론을 빌어 사물의 관계를 설명하는 것이 보편적 분위기였던 듯한데, 특히 유가에 이런 경향이 강했다. 하지만 오히려 음양오행을 전문적으로 다룬 저작들은 모두 망실되어버렸다. 다행히『관자』『여씨춘추』『예기』등에 몇 편의 음양가 저작이 아직 보존되어 있고, 음양가의 대표 주자인 추연(鄒衍)의 말도 단편적인 기록 일부가 남아 있다.

천인관계를 중심으로 각 사물의 관계를 연구하는 음양논의는 과학성을 갖춘 곳도 있으나 대부분은 신비주의적 요소들이 섞여 있다. 우주를 대상으로 거창한 이야기를 하면서도 인간사를 잊지 않고 있을 때 그들의 논의는 빛을 발하지만, 그렇지 못할 경우 미신이 되고 말았다. 한나라 때부터 그런 평가가 있었는데, "음양가 부류는……높은 하늘을 공경하고 따르며, 해·달·별의 천문기상을 헤아려 삼가 백성들에게 때를 알려주니 이것이 그들의 장점이다. 한계가 있다면 금기 사항들에 견제당하고 작은 숫자들에 흠탕이 되어 인간사를 도외시하고 귀신으로 임한다는 것이다."(『한서』「예문지」)

오덕종시론과「월령」

음양오행설이 단순히 자연에 대한 설명이었다면 사상적 가치가 훨씬 덜하였을 것이다. 그러나 "추연은 당시 통치자들이 음란과 사치를 더해……서민들에게 베푸는 덕을 숭상하지 않음을 목도하였다. 그래서 음양 소식을 깊이 관찰하여 괴이한 변화들에 관한 학설을 만들어「종시 終始」「대성 大聖」편 등 10여 만 자를 지었다."(『사기』「맹자순경열전」) 즉, 추연의 논의는 사회와 서민의 고통을 돌아보지 않는 당시 통치자들에 대응하여 만들어졌다는 점에서 그 의의가 크다.

연왕이 용포로 자리를 쓸고 상석에 모셔 강연을 청하면, 추연은 광대한 우주와 장구한 역사를 자유자재로 언급하였다고 한다. 중국 밖에 다른 세계가 있으며, 9주를 갖춘 대구(大區)가 9개이니 적현신주(赤縣神州)인 중국은 전세계의 1/81에 불과하다는 것이다. 추연은 사람들의 지리적 안목을 크게 열어주었고, 중국 외에 다른 천하가 없다는 협애한 관념을 깨뜨렸다. 그는 역사를 설명하면서도 위로 태고 시대까지 끌어올려 인류의 역사를 자연의 역사와 연결시키려 하였다.

추연은 역사적 성쇠의 원인을 탐구하고 거기에 평가를 내리기도 하였다. 그의 유명한 오덕종시론(五德終始論)은 여기서 출발한다. 그는 역사를 변화·발전의 과정으로 인식했는데, 이 과정 속에서 필연적 규율을 찾았다.31) 또, 추연은 하나의 덕이 한 왕조를 지배하여 왕조마다 오행의 덕에 순응하는 특별한 제도들을 갖는다고 말한다.32) 추연의 이러한 역사관은 일종의 순환론이다. 추자의 이 오덕종시순환론은 왕조의 교체에 대한 설득력 있는 설명이었다. 특히 그 가운데 주나라의 화덕(火德)이 이미 쇠해 반드시 수덕(水德)을 드러내는 자가 주를 계승하리라는 주장은 당시 제후들의 입맛에 너무 잘 맞았다. 그건 이론적으로 주나라가 반드시 망한다는 논증이었고, 반드시 새로운 성왕이 일어난다고 하니 왕관을 절취하고 싶었던 제후들에게는 크나큰 고무가 되었다. 어쨌든 오덕종시에는 많은 허구가 있지만, 어떤 왕조든 영원불변할 수는 없고 반드시 그 종국이 있다고 밝힌 것은 당시 사람들에게 새로운 눈과 귀를 열어주는 일이었다.

추연도 마찬가지이지만, 음양가의 주장은 상당 부분 유가와 맥락을 같이한다. "그가 귀결하는 주장은 반드시 인의와 절검에 그쳤고, 군신 상하 육친 간의 베풂 등으로 넘쳐났다."(『사기』「맹자순경열전」) 그래서 음양가는 유가와 혼동을 일으키기도 한다. 예를 들어『예기』「월령 月令」편은 음양가의 주요 저작 가운데 하나이다. 원래『여씨춘추』에도 전문을 실어 책의 핵심 강령으로 삼고 있으나, 『예기』로 옮겨가 유가 경전화하였다.

「월령」은 과학·신학·오행·정부 법령과 사회생활을 한데 뒤섞고 있다. 「월령」에는 세계가 다양한 층차의 구조라고 묘사되어 있다. 이 다층차의 구조 가운데 태양은 가장 높은 것으로, 결정의 의미를 지니고 있다. 「월령」편에 따르면 태양은 영실(營室) 별자리에 있으며, 저녁에는 삼(參) 별자리 가운데, 아침에는 미(尾) 별자리 가운데 위치한다. 그리고 오행은 사시의 회전과 서로 배합된다. 춘은 목, 하는 화, 추는 금, 동은 수, 토는 여름과 가을의 교차지점에 놓여 중앙을 차지한다. 즉, 사시 변화는 태양의 제약을 받을 뿐만 아니라 오행의 제약도 받는다는 것이다.

「월령」은 또 농업생산 규율과 인사활동에 대해 체계적으로 분석한다. 먼저 농업생산 규율을 개괄하면, 봄에 심고, 여름에 키우며, 가을에 거두고, 겨울에 저장한다는 것이다. 인사활동에 대해서는 일종의 정치월정표를 제시한다. 즉, "무릇 큰일을 거행함에 천수(天數)를 어겨선 안 되며, 반드시 그 때에 따르고, 신중히 그 류(類)에 기인해야 한다"는 것이다. 천수란 오늘날의 용어로 하자면 기본 규율인데, 여기서는 음양의 교차, 해와 달의 변화, 오행의 덕 등을 가리킨다. 만물은 종류에 따라 구분되며, 자연 현상·사회 현상에도 종류가 같은 것이 있다. 예컨대 포상과 양기(陽氣)가 동류이고, 형벌과 음기(陰氣)가 동류라는 것이다. 봄·여름은 양에 속하고, 가을·겨울은 음에 속한다. 그래서 봄·여름에 상을 주어야 하고, 가을·겨울에 형벌을 가해야 한다. 월정표대로 하지 않으면 징벌을 받는다는데, 겁나는 이야기가 많고 견강부회한 곳도 많다. 그러나 취지는 정부 법령이 반드시 농업생산 과정과 통일되어 있어야 하며, 농업생산을 위해 복무하여야지 간여하거나 파괴해서는 안 됨을 강조하는 데 있었다.

추연 등의 논의가 신비주의적 구상을 설파한 것도 많지만, 천인관계를 중심으로 각종 사물의 관계를 다룬 부분은 일부 과학성을 갖춘 것도 있다. 과학과 미신을 구분하기 어려운 시대였으나, 음양가들의 주 관심사가 언제나 인간사와 정치였다는 점에서 그 기본 정신은 높은 가치를 지닌다고 하겠다.

절충과 융합 : 잡가

잡가와 『관자』

제자백가 학설은 통일을 눈앞에 두고, 또는 이미 통일된 제국에서 종합되는 현상을 보였는데, 이 보편적 경향을 총체적으로 표현한 말이 잡가였다. 이 용어는 『한서』 「예문지」의 이야기처럼 유가와 묵가를 겸하고, 명가와 법가를 합해 놓고, 도가와 법가가 통합되어 있는 등 사상의 융합을 뜻하는 말이었다. 잡(雜)이란 말이 학파로는 어울리지 않으나, 정치적 통일의 시대에 학문에서도 절충과 융합이 나타났다는 시대적 경향을 나타내고 있으며, 또한 취사선택에 주관적 의지가 뚜렷하고 체계성을 갖추었으며 절충에 대한 구체적 방법론을 가지고 있으므로 독자적인 학파로 불러도 무방하리라 생각된다.

제자백가는 배타적인 태도를 취하지 않고 경쟁 학파의 장점을 취하여 자신의 단점을 보완하곤 하였다. 이와 같은 수용성과 융합성이야말로 위대한 사상사적 성취를 가능하게 한 이유이기도 했다. 전국시대 후반으로 갈수록 이런 경향이 강해져서, 『관자』의 상당 부분은 도가·유가·법가가 혼합되어 있으며, 『순자』는 유가이지만 법가의 용어가 많이 등장하고, 『한비자』는 법가인데도 도가의 사상을 빌리고 있다.

『관자』는 춘추시대의 위대한 정치가 관중의 이름을 빌고 있지만, 전국시대 후기 작자 미상의 작품으로(일부는 한나라 때 작품) 당시 각종 사상사조 작품들의 총 모음이다. 그 중에는 법가 작품이 가장 많으며, 그밖에 도가, 음양가, 유가, 명가, 병가 그리고 잡가의 것도 있다. 『관자』의 특징은 잡가와 마찬가지로 융합성에 있으며, 사상 간의 배척과 대립이라는 극단을 피해 평화롭게 문제를 논술하고 있다. "훌륭한 왕이 위에 있으면 도와 법이 나라에 행해진다"(『관자』「法法」) "일은 법에 의해 감독을 받으며, 법은 권(權)에서 나왔고, 권은 도에서 나왔다"(「心術上」) 등에서 볼 수 있는 것처럼, 『관자』에는 법가·도가·유가가 한데 어울려 있다. 이것은 많을 때는 10만 명의 다양한 학자가 모이기도 했다는 제나라 직하학궁의 학자들이 남긴 유산으로 보인다.

『관자』 가운데 법가적 저술은 도가와 유가를 깊이 받아들이고 있으며,[33] 유가를 흡수하였을 뿐만 아니라 묵가를 흡수한 곳도 있다.34) 또한, 입법을 강조하면서 천도와 시대에 순응하라고 주장하기도 하며, 중농의 기초 위에서 상공업을 함께 돌아보라는 경제 정책을 제기하기도 한다. 이밖에 사람의 성정에 기인하여 가능성을 헤아리라고 말하면서도, 군주의 독단을 강조하는 권모술수를 외치기도 한다. 현실과 이상의 결합에 대해 고민한 흔적이 역력하다.

도가의 저작은 『관자』 내에서 독특한 위치를 차지하는데, 도가의 극단적 자연주의 경향을 버리고 적극적 통치를 주장하며 도와 법·예·의를 유기적으로 결합시킨다.

> 화를 그치는 데 시만 한 것이 없으며, 걱정을 없애는 데 음악만 한 것이 없고, 쾌락을 절제하는 데 예만 한 것이 없으며, 예를 지키는 데 공경만 한 것이 없고, 경을 지키는 데 고요함[靜]만 한 것이 없다. 안으로 고요하고 밖으로 공경하면 제 본성[性]으로 되돌아갈 수 있으니 본성이 장차 크게 안정될 것이다.(「內業」)

이처럼 『관자』는 도가의 성(性)과 정(靜)에 대한 주장을 유가의 시·예·악·경과 하나로 융합시키고 있다. 또, 군주 무위와 정인(靜因)의 술을 말한 부분에 이르면 한나라 초기의 황노 사상을 보는 듯하다.

『관자』 중 음양가 저작 또한 유가·법가·도가를 두루 받아들이고 있으며, 사시 운행 순서에 맞는 시무(時務)론을 내세우는가 하면, 물 중심의 정치 이론을 개진하기도 한다. 특히 눈에 띄는 것은 「경중 輕重」 몇 편을 포함해 무려 15편에 이르는 '경중' 문제이다. 이는 법가의 영향을 받고 있으나, 기존 법가와는 상당히 다른 경제학·경영학·정치경제 등이 함께 녹아 있다. 중심 내용은 국가가 상업을 독점하여 상업으로 나라를 다스리라는 것이다.35) 특히 시장 규율에 관한 인식, 수요 공급과 화폐 가격 문제, 국가의 가격 독점을 통한 이득 등 어떻게 하면 정부 재정을 늘릴 것인가에 관심을 보인다.

군주가 축적한 양식을 분산시키고, 물가의 높낮이를 조절하며, 겸병한 재부를 나누도록 하지 못하면 제아무리 농업을 강화시켜 생산을 독려하고, 부단히 황무지를 개발하고 화폐를 주조하더라도 백성들은 여전히 빈궁할 것입니다.(「경중甲」)

이는 경제적 실력을 기초로 각종 사회 문제를 해결해 나가라는 주장이다.

그 외에도 『관자』에는 병가 관련 저작도 많으며, 도대체 어느 파에 속하는지 분명히 설명하기가 어려운 작품도 많다. 내용도 잡박하여 진짜 '잡가'라 부를 만하다. 예컨대 그 유명한 「목민 牧民」편은 유가의 주장을 펼친 듯하다가도 전혀 다른 법가 이야기를 하고 있다. 실용에 이로운 것이면 바로 채취하여 글 속에 편입시킨 것이다.36) 이처럼 실용적 가치에서 삶의 지혜를 추구하는 경향은 동서고금을 막론하고 시대의 후미를 장식하는 징표가 된다.

『여씨춘추』와『회남자』

『여씨춘추』와『회남자』는 정치가가 행정 방식을 이용하여
돈과 권력으로 다양한 경향의 사상가들을 총동원해서 만들어
낸 작품이다.『여씨춘추』는 진에 의한 통일 중국 직전, 정치적
투기의 성공으로 부와 권력을 장악한 여불위(呂不韋)가 편찬
하였다. 그는 이보다 나은 작품이 있으면 나와보라고 큰소리
쳤다.『회남자』는 한나라 초기 제후국 회남(淮南)왕 유안(劉
安)이 편찬하였다. 그는 이 책을 한무제에게 바친 뒤 반란을
꾀하다 죽었다.『여씨춘추』와『회남자』의 저자들은 학파 간
절충에 대한 나름대로의 주관과 체계를 갖추고 있었다.
　여불위는 주관이 뚜렷한 사람이었다.

　　여불위가 부친에게 "농사를 지어 남는 이익은 몇 배나
　되니까?" 하고 묻자, 아버지가 "열 배이다"고 대답하였다.
　또 "주옥의 매매를 통해 남는 이익은 몇 배입니까?"라고 묻
　자 "백 배이다"라고 대답하였다. 다시 "국가의 주인을 세워
　서 남는 이익은 몇 배나 됩니까?"고 묻자 "헤아릴 수 없다"
　라고 대답하였다.

　여불위와 그 아버지 사이의 이 대화는 널리 알려져 있는데,

이는 여불위의 정치적 기획을 드러내 주는 대목이다. 그런데 나중에 크게 성공한 여불위는 진나라의 법가 위주 정치문화 풍토를 상당히 우려하였다. 그에 대한 이의 제기가 바로 3천 여 명의 식객을 동원한 『여씨춘추』 편찬이었다. 이 저작은 모든 학파의 학문과 사상을 수용한 도량과 안목을 가진 여불위 문화 정책의 결정판이었다.

『여씨춘추』의 기본 바탕은 자연을 본받자는 사유이지만,[37] 한편으론 도가사상에서 흡수하여 자연의 일부로서 인간을 이야기하고, 한편으론 음양가 「월령」의 사상에서 취한 천인감응론을 말한다. 『여씨춘추』는 또 법가사상을 수용하여 변법을 주장하기도 한다. 정치사상에선 군주의 은덕이나 민의의 중시 등 유가적 색채를 띠면서도 법가의 공사관을 들먹이는가 하면, 묵자처럼 사랑과 이익도 이야기하며 도가적 무위를 주장하기도 한다. 이처럼, 비록 선명한 기치가 없어 잡박한 느낌을 지울 수 없지만, 법만 숭상하던 당시 진나라가 다양한 사상을 융합하려는 여불위의 이 시도를 진지하게 고민했다면 그렇게 단명하지 않았을지도 모른다.

> 천하에 순백의 여우는 없다. 그런데 순백의 여우털 옷은 있다. 많은 여우의 흰 털을 취했기 때문이다. 많은 사람에게서 취함이야말로 삼황오제가 크게 공명을 세운 이유이다.……많은 사람과 더불어 행함이야말로 군주의 큰 보배이다.(『여씨춘추』「用衆」)

민중과 문화에 대한 사랑과 그것이 갖는 사회·역사적 기능에 대해 진시황과 이사는 여불위만큼 생각이 깊지 못했던 듯하다.

　제자백가의 학설을 종합하는 분위기는 전국 말기부터 한나라 초에 이르기까지 보편적 경향을 이룬 듯하다. 『회남자』는 한나라 초엽에 강한 정치적 영향력을 갖고 있었던 황노사상의 연장선상에서 생각할 수 있지만, 책 내용에 있어서는 도가사상 외에 유가·음양가·법가의 학설을 두루 받아들였기 때문에 『한서』 「예문지」는 이를 잡가로 분류하였다. 그 잡박하면서도 풍부한 내용 가운데 주도적 지위를 차지한 것은 도가사상이며, 회남왕은 이것으로 대업을 도모하려 했다. 그러나 나중 한무제가 백가를 축출하고 유술만을 존중하는 정책을 시행하면서, 그도 자리에서 쫓겨나게 되었다. 이 책이 실제 정치에 중대한 영향을 일으키지는 못하였으나, 한나라 초 황노사상의 마지막 울림을 대변했다는 점에서 그 역사적 의미를 지닌다.

　『회남자』의 주된 흐름은 순전히 자연에 임하고 아무것도 하지 않는 무위론에 반대하는 것이다.

　　지세로 보면 물이 동쪽으로 흐르겠으나, 사람의 힘이 가해진 뒤 큰 물은 골짜기를 타고 흐르게 된다. 벼가 봄에 싹이 나겠으나, 사람의 힘이 가해짐으로써 오곡으로 성장해 간다. 흐름을 그대로 두고 저절로 성장하길 기다린다면 곤(鯀)·우(禹)의 공도 설 수 없고 후직(后稷)의 지혜도 쓸모가 없다.(『회남자』「修務訓」)

　이처럼 『회남자』는 아무 일도 하지 않는다는 무위론과 경
계선을 분명히 긋는다. 즉, 주관적 능동성이 발휘되어야 함을
강조하고 있는데, 이 점에서 법가적 군주론과 역사관을 다분
히 반영하고 있다고 생각된다.
　『회남자』의 인성론은 복잡하고 통일되어 있지 않다. "사람
의 본성엔 인의의 바탕을 갖고 있다"(「泰族訓」)며 인성이 본
래 선하므로 인의의 정치를 해야 한다고 주장하는가 하면, 동
시에 "맑고 깨끗하며, 고요하고 부드러운 것이 사람의 본성이
다"(「人間訓」)며 노장(老莊)처럼 인성의 청정함을 강조하기도
한다. 또 한편으론 성품이 본래 차등이 있고 변화하는 것이라
고 주장하기도 한다.38) 이와 같이 서로 모순된 주장들이 한 권
의 책 안에, 심지어 한 편의 문장 속에 공존하기도 한다. 이는
『회남자』가 얼마나 잡박한 것인지를 보여준다. 체계성이란 측
면에서 보면 잡가는 확실히 별로 할 말이 없어 보인다.

그 외 : 종횡가/농가/병가/소설가 외

종횡가

제자백가 사상은 「예문지」의 9류 10가 외에도 무척 많다. 다만 그들 저술이 대부분 사라져 밝힐 수 없을 뿐이다. 밝힐 수 없음은 당시 대단히 유행했다는 종횡가·농가·소설가의 경우도 마찬가지이다. 다만 현존하는 다른 사상가들의 책과 역사서를 통해서 이들의 주요 주장만을 이해할 수 있을 뿐이다.

종횡가는 일종의 전략전술이다. 굳이 이야기하자면 국제 정치사상일 수 있으나, 나라의 생존을 위한 외교적 술수에 관한 주장이라는 표현이 더 적절하다. 대표적으로 전국시대 말기 상앙 변법을 통해 강국으로 성장한 서쪽 진나라와 진의 무력

통일 정책에 맞선 동쪽 여섯 나라와의 외교전쟁이 종횡가의 대표적인 탐구 대상이었다.

　지모와 술수를 가르친 귀곡자(鬼谷子) 밑에서 바늘로 무릎을 찔러 잠을 쫓아가며 공부한 소진(蘇秦)은 동문 장의(張儀)보다 먼저 출세했다. 그는 세 치 혀로 초·연·제·한·위·조의 군주를 설득, 연합에 성공하여 6국 재상의 직인을 들고 진나라에 대항하는 합종(合縱)을 창도하였다. 한편 진의 재상이 된 장의는 생존을 위해서는 동쪽 6국이 각자 옆으로 진나라와 연합해야 한다는 연형(連衡)을 제창하여 합종을 깨버렸다. 역사적으로 종횡가는 그저 말장난으로 자신들의 이익만을 탐했다는 혹평을 받았다. "내 한 몸이 가난하면 부모도 자식으로 여기지 않고, 부귀하면 친척들 모두가 두려워한다. 이 한세상 살면서 권세와 부귀를 어찌 소홀히 할 수 있겠느냐?"는 소진의 자탄을 보면 그럴 만도 하다.

　종횡가의 모습을 가장 잘 알 수 있는 전국시대의 책은 『전국책』이다. 주로 전쟁과 정치 운용의 기술을 담고 있는 이 책은 외교적 수사를 통해 강권정치를 변호하는 선례가 되었다. 유가적 덕목과 배치되는 내용이 대부분이어서 처음 책을 정리·편집했던 유향조차도 인의를 버리고 전쟁만 중시한, 권모술수로 가득한 책이라고 비판한다. 하지만 재치와 유머, 생동감 넘치는 유세객들의 인물 묘사와 외교적 설득 방법은 문학작품으로서도 빼어나다. 『송사 宋史』 「예문지」에서 이를 처음으로 종횡가 문건으로 분류하였고, 마왕퇴 백서가 출토되면서 전국종횡가서(戰國縱橫家書)라 불린 『전국책』과 관련된 문헌이 다량으로 나왔다. 이로써 전국시대 후반을 가장 화려하게 장식했다는 종횡가에 대한 새로운 연구가 가능하게 되었다.

기타 학파들

농가 기록은 완전히 소실되었다. 『맹자』에 보이는 허행(許行) 등에 관한 기록을 보면, 이들은 신농씨를 숭상하며 황제든 관리든 백성과 더불어 경작을 하고 부업일을 하라고 주장한다. 여기에는 노동의 신성성을 강조하며, 군주와 인민이 평등하다는 의식이 담겨 있는 듯하다. 농가는 자신들의 주장을 직접 실천하여 "그들의 무리 수십 명이 모두 헤진 옷을 입고, 다 떨어진 짚세기를 신고, 돗자리를 짜서 먹고살았다." 그들은 신분에 따라 할 일이 다르고 예가 다르다는 유가의 주장에 반대하는 입장에 섰으나, 문헌의 결핍으로 사상사적 영향은 그다지 크지 않았다. 중국은 농업 국가였으므로 거의 모든 사상이 중농 정책을 담고 있어서 굳이 "천자가 직접 경작을 하고, 후비가 친히 직조를 하여 천하 사람들의 앞장을 서야 한다"(『神農』「書法」)는 주장에 동조할 필요를 느끼지 못했는지도 모른다.

『한서』「예문지」는 병가를 10가에 포함시키지 않고, 경서나 시가작품처럼 따로 떼어 다루고 있다. 하지만 병가는 외교·경제 수단 및 군사사상을 다루며 인간에 대한 통찰, 심성에 대한 고려 등 풍부한 사상성이 있어 제자백가의 하나로 보아도 무방하다. 동양 역사에서 전쟁뿐만 아니라 인간관계·상술 등에서도 오랫동안 영향을 발휘해 온 무경(武經) 7서, 즉 『손자병법』『오자병법 吳子兵法』『육도 六韜』『사마법 司馬法』『삼략 三略』『위료자 尉繚子』『이위공문대 李衛公問對』중 앞의 6부가 모두 춘추전국시대 작품인 것으로 보면 제자백가에서 병가의 영향력은 상당한 것이었다. 체계적인 철학적·이론적 탐색보다는 주로 작전 기술에 대한 이론 기초와, 수단과 방법을 가리지 않는 승리전략이 핵심 내용이다.

소설가는 항간의 이야기를 정리한 것으로 사상이라 부르기에는 부족한 점이 있으나, 공자의 말대로 배울 점이 없지는 않다. 『장자』와 『순자』에 등장하는 송경(宋牼)은 전쟁에 반대하고, 민중의 안녕을 회구하는 도를 아는 사람이었다. 유치한 아이들 이야기라는 의미의 『국자설 鬻子說』이 전하지만 현존본은 대부분 정치적 흥망에 관한 이야기로 주 문왕의 스승이었다는 국웅(鬻熊)의 이름을 빌어서 쓴 작품으로 여겨진다.

전국시대부터 한나라에 이르기까지 시와 부(賦) 작품도 굉장히 많았다. 따로 학파로 설명하기는 어려우나 애국심에 가득 찬 굴원(屈原)의 『초사』등은 후대 문학사상에 깊은 영향을 미쳤다. 산문 형식을 띤 작품도 많으며, 「이소 離騷」같은 시 작품만 보아도 『시경』중 가장 긴 시의 8배에 달할 정도로 길다. 글자도 13자가 넘어가는 경우가 많아 한대의 부가 발전하는 데 크게 응용된 듯하다. 서정적인 작품도 많으나 우화를 동원한 자전적 작품, 궁정정치에 대한 도덕적 반성, 샤머니즘적인 초자연 세계의 신화 등이 기묘하게 뒤섞여 있다.

제자백가의 지역적 특성

춘추전국시대 지역 특성

　제자백가는 춘추전국시대라는 시간적 환경 외에 상이한 문화를 배경으로 한 공간적인 활동 무대를 갖고 있어서, 사상마다 독특한 지역 특성을 지닌다. 교통수단이 좋지 않고, 통일된 문자도 없었으며, 지역 간 극심한 언어 차이가 있었음을 고려하면, 아무리 천하를 주유하며 유세를 하던 풍조가 있었더라도 지역 문화 특성에 영향을 받지 않을 수 없었을 것이다.

　주나라는 봉건을 통해 문화적 통일성을 기하였으나, 결국 사상가들은 태어난 지역 분위기 속에서 자신의 사상을 키워갈 수

밖에 없었다. 나중 주나라가 본거지를 서쪽 융(戎)족에게 빼앗기고 남쪽은 초나라에게 잃으며, 그저 망해 가는 하나의 제후국으로 전락하자 그동안 '존천자(尊天子)'라는 명분 하에 기본적으로 중시되어 오던 의례와 종법은 더 이상 지켜지지 않았고, 왕도와 신의는 더 이상 말해지지 않았다. 오직 수단과 방법을 가리지 않는 패권의 논리만이 횡행하였다. 이에 제와 초처럼 경제적으로 풍요한 곳, 진(秦)과 진(晉)처럼 군사적으로 강한 곳들은 각기 저마다의 분위기와 연관된 사상가들을 배출하게 되었다.

또한 춘추시대 중원 국가들이 커다란 환란에 빠져 있었음에 비해 사방의 몇몇 득세한 나라들은 오히려 영토를 크게 확장하였다. 제나라는 황해까지 땅을 넓혔고, 진(晉)은 서북 적(狄)족을 궤멸시켰으며, 연은 요동(遼東)에 진출하였고, 노와 같은 대수롭지 못한 나라도 부근의 회사(淮泗) 지역을 개척하였다. 그 결과 이민족 국가였던 진·초·오·월 등이 중국 문화를 접하면서 새롭게 거듭나려는 노력을 하였다. 제자백가는 이런 다양한 지역 문화 배경을 기초로 풍부한 사상을 창조하게 되었다.

제자백가의 지역적 특성은 『논어』 『맹자』 『장자』 등에 그 기록이 있고, 특히 『회남자』 「요략」편의 언급은 매우 상세하다. 동이·서융·남만·북적 등 주변 민족과의 관계도 일부 있었지만 백가의 사상은 대체로 '중국' 내에서 자체 성장하였다. 중원이라고 부르는 오늘의 하남성(河南省)·산서성(山西省)·섬서성(陝西省) 일대와 산동성(山東省) 일대가 동서 두 축을 형성하며 제자백가를 출발시켰고, 이어서 서쪽으로는 진나라와 남쪽으로는 초나라 일대에까지 번져간 것으로 보인다.

지역별 사상 특성

먼저 오늘의 산동성 일대에 위치한 제나라를 보자. 제자백가의 책에 제나라 사람은 보통 황당무계하고 괴이한 말과 행동을 하는 사람으로 언급되는데, 이는 이 지역의 언어와 사유가 그만큼 발전했다는 이야기이기도 하다. 소금과 철이 풍성한 제는 땅이 넓고 부유한 곳이었으며, 동이족 나라들과 접하고 바다로 이민족들과 교류하면서 유구한 문명의 전통을 지니고 있었다. 제 지역은 제자 가운데 방사(方士)와 같은 종교적 성향이 강한 사상을 잉태하였다.[39)]

제나라에는 "세 명의 추자(騶子)가 있었다. 맨 먼저 사람은 추기(騶忌)인데 금(琴)을 잘 다루어 위왕(威王)을 설복하였고, 이로 인해 국정을 담당하게 되었다.……그 다음이 추연인데 맹자보다 나중 사람이다."(『사기』 「맹자순경열전」) 제나라는 또 관중·안영 등 정치가들이 남긴 통치사상·법가사상의 문을 연 곳이기도 하다. 그리고 초와 더불어 문장이 발달한 곳으로 알려지기도 했다. 유가사상은 원래 노나라가 정통이지만 제 또한 나름대로의 유학, 즉 법가·도가와 절충시킨 유학을 전개하였다. 한나라 초에는 탁월한 유학자들이 이 지역에서 나와 유가 정통 지역으로 인정받기도 했다.

노나라는 은나라의 높은 문화유산을 간직한 태산 남쪽에 주 왕실이 건설한 식민지였다. 춘추전국시대에 "주의 예법질서는 오로지 노 지역에만 남아 있었다." 두 손을 모아 인사하고 사양하는 읍양(揖讓)의 예를 중시하던 이 지역에서 시서와 예악을 지고의 보배로 여기는 유가가 출현한 것은 자연스런 일이었다. 물론 노도 경제적 부국이나 군사적 강국을 본받으려 노력한 적은 있지만, 워낙 인문 수준이 높고 형식절차가 잘 갖추어진 문화적 환경 하에서 그와 같은 법가적 사유가 잘 먹혀들지 않았다. 자연히 노학(魯學)은 유학일 수밖에 없었다.

공자 제자들의 경향을 보면 지역 문화의 특성이 얼마나 중요하게 작용하는지를 알 수 있다. 위풍당당함을 추구한 자장(子張)은 진(陳) 사람이었고, 벼슬하지 않고 협객생활을 했던 칠조개(漆雕開)는 채(蔡) 사람이었다. 둘 다 그런 학풍으로 큰 학파를 이끌었지만 모두 노나라는 아니었다. 자유(子遊)의 후예들은 노자학에 가깝다는 의심을 많이 받는데, 그는 오(吳)나라 사람이었다. 재아(宰我)는 어디 사람인지 모르겠고, 자공(子貢)은 위(衛)인데, 둘 다 노 본래의 근엄한 유학자 같은 모습은 아니었다. 그들은 재물을 좇아 사람이 많이 모이는 제로 달려갔으며, 결국 하나는 잘되고 하나는 살해당했다. 묵자도 노 사람으로 공자의 책을 가지고 학습하였으나 나중엔 반항자가 되어 외지로 나가 자기 길을 열었고, 어리석기로 소문난 송나라 사람들 사이에 많이 알려지게 되었다.

송 또한 문화 수준이 대단히 높은 나라였으나 민속은 오히려 순박하여 음란하지 않았고 학자들도 많이 배출하였다. 제자백가들은 어리석은 사람을 이야기할 때면 으레 송나라 사람을 들먹였다. 예를 들면 송나라 사람이 유생들이 쓰는 우아한 장포관(章甫冠)을 밑천으로 삼아 월(越)에 갔지만 월인들은 단 발하고 문신을 하고 다녔으므로 쓸데가 없었다는 장자의 이야 기, 모종의 싹이 자라지 않는다고 일일이 싹을 뽑아 올리는 자 가 있었다는 맹자의 이야기, 쟁기를 버리고 토끼가 와서 나무 그루터기에 부딪혀 죽어주기만을 기다렸다는 한비자의 이야 기 등이 그렇다. 대체로 송인들은 종교적 성향이 풍부하고 마 음씀씀이가 소박하며 직설적이었던 것 같다. 장자가 이 지역 출신이고, 묵가의 대부분이 이 지역에서 활동하였으며, 공자 의 손자인 자사(子思)도 여기서 활동하였다.

중원에 위치한 한·위·조 삼진(三晉)은 원래 무를 숭상하였 으나 당시 정치와 문화의 중심지였던 주·정과 인접하여 그 영 향을 많이 받았다. 전통의 영향과 경쟁의 시대 한가운데에 처 한 나라답게 이 지역에선 법가적·군국적 사유가 많았고, 명가 와 법가 대부분의 사상가들이 이 지역 출신이다. 중원 지역에 선 노자·관윤 등의 도가, 신불해·한비 등의 법가, 혜시·등석· 공손룡 등의 명가가 나왔다. 삼진의 학문 가운데 특히 법가가 함곡관을 넘어 진(秦)나라로 들어가 유행하였다. 국경을 맞댄 두 나라의 교류는 매우 빈번하였고, 진(晉)의 대부들이 망명하 면 십중팔구는 진(秦)으로 갔다. 이를 따라 진(晉)에서 만들어 진 행정 기술 및 통치 기술이 진(秦)에서 실효를 거두었다. 문 화적·경제적으로 낙후한 진이 부국강병을 기치로 내걸고 정 책적으로 법가를 받아들였기 때문이다. 나중에 통일 중국의 수도가 된 이 지역은 철의 최대 집산지인 파촉(巴蜀)을 끼고 있었고, 사치풍조도 유행하였다.

그와 반대로 남국과 초 지역엔 도가 경향의 염세적 달관주의자들이 많았다. 독자적 행보를 하는 사상가들 중 상당 부분이 이 지역 사람들이고 논리 싸움에 치중한 묵가 일파가 크게 유행한 곳도 여기다. 남국은 중원과 초나라 사이에 광범하게 흩어져 있다가 나중에 대부분이 초에 복속되어버린 지역을 일컫는데, 공자가 진과 채 일대에서 만났던 염세적 달관주의자들, 즉 접여(接與)·장저(長沮)·걸익(桀溺)·하조장인(荷篠丈人) 등이 모두 여기 사람이다. 농가의 허행(許行)도 이곳 사람이며, 명사변론에 치중한 묵자 일파가 유행한 곳이기도 하다.

요약하면 제 지역은 종교 및 현학에 독자적인 출발을 보였고, 노 지역은 윤리 및 예법제도로 중국에 결정적 영향을 미쳤으며, 삼진 일대는 행정 기술로 중국 통일에 공헌하였다.

동서로 가장 상반된 지역 특색을 보인 곳은 제와 진이다. 제는 경제적으로 부를 드날렸고, 관대하고 폭이 컸으며, 상하가 사치를 즐겼다. 반면 진은 군사적 강국으로 불리었고, 편협하고 폭이 좁았으며, 인민들이 공식적인 싸움에 용감하였다. 제나라의 직하학궁엔 천하의 사상가들이 모두 몰려들었으며, 진나라는 효공 이래 시·서를 불태우고 순수한 군국주의 국가로 발전하였다. 중국 역사상 파촉 지역에서 훌륭한 장군이 많이 출현하고, 산동 일대에서 뛰어난 학자가 많이 출현한 이유도 여기에 있지 않나 생각된다.

제자백가, 그 후

인간 중심의 사유

제자백가의 사유를 종합하면 다음과 같은 점에서 인간 중심의 사유를 읽을 수 있다. 첫째, 주나라의 틀을 만든 주공의 주된 관심은 신의 세계가 아니라 사회 질서 및 인문세계였다. 춘추시대에 이르러 인간의 지위는 더욱 상승하였고, 노자와 공자의 노력으로 인문사상은 이론으로 발전하였다. 이러한 사유방식은 전국시대 제자백가의 진일보한 발전을 거쳐 중국 전통문화의 주류가 되었다. 제자백가는 항상 신보다 인간을 먼저 생각하였다. 물론 제자백가의 대부분이 신을 배척하지는 않았으나, 기본 입장은 "백성들에게 마땅할 일에 힘쓰며 귀신을 공경하되 멀리하는 것을 지혜라고 말할 만하다'(『논어』「雍也」)는 공자의 입장과 비슷했다. 사람을 더욱 중시하고 자신의 사상적 이정표에 따라 신을 개조하기도 했다. 즉, 제자백가는 신을 이론적으로 탐구한 것이 아니라 신을 인문화시켰다고 할 수 있다.

둘째, 제자백가는 인간과 자연의 상호 화해를 시도하였으며, 인류의 필요를 위한 자연의 이용을 주장하기도 했다. 도가·음양가·『역경』의 출현은 사람이 자연의 산물이며 인간은 자연적 존재임을 밝혀주었다.[40] 또한, 사람의 주관적인 노력과 탐색을 통해 자연과의 조화를 구할 수 있고, 나아가 사람은 자연을 이용할 수 있을 뿐만 아니라 자연은 그야말로 인간을 위해 존재한다는 인식에 도달하였다.[41] 즉, 자연과 인간의 관계에서 인간의 가치를 드높인 것이다.

셋째, 많은 전국시대 사상가들은 인간의 사회생활에 대한 탐구를 하면서 인성을 강조하였고, 그 인성을 기초로 사회적 인간관계의 원칙을 연역적으로 판단하였다. 인성 문제의 실질은 대부분 도덕적 선악 문제로 귀결되는데, 이는 사회 질서의 안정과 깊은 관련을 맺는다. 사람의 사회성과 자연성의 관계 문제, 즉 생리적 본능·물질적 수요와 사회관계 및 사회적 이데올로기와의 관계 문제 등을 고민한 점은 사회사상을 위한 중요한 이론적 근거를 마련한 셈이다.

넷째, 제자백가들은 성인을 자아완성의 최고 목표로 추구하였으며, 자기 이론의 근거 또한 성인에게서 찾았다. 성인은 신과는 다르다. 물론 신 또는 신선이 되기 위한 추구가 없었던 것은 아니지만, 자아수양과 완성을 통하여 성인·현인·대장부·군자가 되는 것이 이들의 공통된 특징이었다. 성인은 도덕적 모범이었다. 신이 되는 것은 자아를 초월하여 마침내 피안세계의 일원이 되는 일이지만, 성인이 되는 것은 최대한도의 자아실현을 통해 자신의 주관적 능동성을 충분히 발휘하고 사회의 모든 아름다움을 일신에 집중시켜 하나의 초인으로 상승하는 것을 말한다. 제자백가 대부분이 고민한 성인은 시국을 걱정하면서 세상의 구원을 자신의 임무로 여기는, 현실세계에 부대끼며 보통 사람들과 함께 살아가는 사람들이다.

다섯째, 제자백가는 자연·사회와 더불어 인간 자신을 인식 대상이자 실천 대상으로 삼았다. 그들의 보편적 관심은 현실생활 속의 사람 및 그 사람과 관련 있는 자연계이다. 현실생활을 인식과 실천의 대상으로 삼았기 때문에 인문사상을 위한 광활한 길이 개척될 수 있었는데, 그 중요한 특징 가운데 하나가 천인합일사상이다. 즉, 자연·사회와 인간을 하나의 화해적 통일체로 본 것이다. 이 통일은 자연의 인간화·사회화 및 인간과 사회의 자연화를 통해 도달할 수 있다. "물과 불은 기운이 있되 생명은 없다. 풀과 나무는 생명은 있되 지각은 없다. 금수는 지각은 있되 의(義)가 없다. 사람은 기운이 있고, 생명이 있고, 지각이 있고, 의로움도 있다. 그래서 세상에서 가장 귀한 존재이다."(『순자』 「王制」) 기운·생명·지각 방면에서 인간은 자연과 모종의 통일성을 갖고 있다는 말이다.

그리고 제자백가는 거의 모두 공(公)에 대해 언급하였다. 공은 본래 도덕관념이다. 그러나 각 학파는 모두 공이 천도의 본성이며 외적 변화를 통해 도덕적 공이 된다고 설명한다. 천도를 도덕화하고 거꾸로 다시 도덕화된 천도를 이용하여 인간세상의 도덕을 논증하였던 것이다. 개체는 관계의 그물에서 상대적 지위만을 가질 뿐이다. 군주는 인간세상에서 가장 존귀한 자로 둘도 없는 오직 하나이지만, 군주 또한 관계의 그물 가운데 한 고리일 따름이다. 하늘에 순응하고 사람에게 따를 때만이 그는 자신의 안전과 존귀함을 보장받을 수 있다. 이는 사(私)에 대한 공의 우선과 우위를 강조하는 데 이르기는 했지만, 그것이 오히려 당시 군주정치에 대해선 실질적인 혜택을 주고 말았다. 즉, 더 큰 공을 위한 사의 희생이라는 명분을 주고 그 책임과 권한을 천자(나중엔 황제)에게 부여함으로써 대일통을 얻게 해주었던 것이다. 천·지·인의 대일통 가운데서 천자가 위아래를 연결시키고 만물을 원만히 소통시키는 실질적 역할을 갖게 됨으로써 공사(公私) 문제의 실질적 귀결은 군주 전제로 끝나버렸다. 물론 심(心)의 주재적 지위에 대한 긍정과 정신의 우월성에 대한 강조로 성인·성왕이 관념으로나마 살아남아 실질권력을 제약하는 작용을 하기도 하였지만.

제국의 등장과 사상의 변천

　제자백가는 거의가 사회 문제와 정치적 관심에서 출발하였다. 따라서 이 분야에 성취가 많은 유가가 오랫동안 주류를 형성한 것은 자연스런 일이다. 유가는 학파 간 경쟁과 학파 내 경쟁을 치르면서 장점은 받아들이고 단점은 고쳐가며 더욱 풍성한 사상적 성취를 이루었다. 전국시대의 끝 무렵 순자는 그렇게 백가의 학문을 집대성하여 제자들에게 넘겨주었다. 그런데 통일제국이 등장하였다. 통일제국은 국가의 통일일 뿐만 아니라 필경 관념과 의식의 통일, 즉 통치의 편의를 위한 사회가치의 일원화를 추구한다. 진은 혹독한 형벌로 유가를 탄압하며 실용 지식만을 추구하였다. 이어 등장한 한에서는 그 반동으로 유생들이 중요한 역할을 담당하긴 했으나 왕실이 받아들인 유학은 더 이상 공자·맹자·순자의 유학이 아니었다. 한고조 유방(劉邦)은 처음에는 유생들을 멸시했으나, 말 위에서 천하를 얻을 수는 있으나 천하를 다스릴 수는 없다는 육가(陸賈)의 건의를 받아들였고, 하도 난장판인 조정의 질서를 위해 숙손통(叔孫通)의 의례를 받아들였다. 이들의 유학은 인의와 왕도를 무엇보다 중시하는 원시 유가가 아니라 군존신비(君尊臣卑)의 상대적 군신관계를 전제한 법가화된 유학이었다. 뒤의 가의(賈誼)·공손홍(公孫弘)·동중서(董仲舒)로 이어지는 제국 시대의 유학 또한 선진 유가와는 상당히 다른 것들이었다.

전국시대 말기 유가와 더불어 가장 광범위하게 퍼져 있던 묵가는 진나라에 의한 철저한 통일공격전쟁을 거치며 목소리를 잃어버렸다. 남쪽으로 흘러가 공허한 논리 싸움에 매진하던 묵자의 후예들은 창조적 사유를 지닌 학자를 배출하지 못하였고, 한대에 들어서면서 급속히 몰락했다. 엄청난 영향력을 가진 사상유파가 이토록 신속하게 사라져버린 것을 보면, 어떤 학파든 성찰을 통한 학문적 재생산을 통해서만 사상의 연속성이 확보된다는 사실을 알 수 있다. 그러나 사실 보다 중요한 이유는 제국의 등장과 관련이 있어 보인다. 공격전쟁에 반대했던 묵자의 이론은 전국 후기 진나라 중심의 대겸병전쟁과는 정면으로 배치되는 것이었다. 묵가의 기본 주장은 위아래의 적당한 조화이다. 통치자에게 일정한 양보를 요구하며 위에서부터 그렇게 정치를 바꾸어 가라고 요구한다. 이는 대일통 제국을 추구하는 한의 분위기에 맞지 않았다.

도가의 한 흐름은 장자를 거치며 탈정치적 경향을 강하게 나타냈다. 이런 경향은 진나라의 압제를 거치며 폭정에서 멀어지려는 민간으로 흘러들어 평민들의 심성 속에 깃들게 되었다. 한편 전국시대 후반에 법가들이 등에 올라타 권모술수화시킨 도가의 또 다른 흐름은 한나라 초 황노사상으로 발전하여 큰 정치적 영향력을 행사하기에 이르렀다. 선진의 도가와는 달리 제국 황실을 위한 정치술수로 변질된 것이다. 당시 사람인 사마담은 「논육가요지」에서 도가가 유가·묵가·명가·법가의 장점을 취해서 시류에도 맞고, 쉽게 풍속을 바로잡아, 정치적 업적이 탁월하다고 극찬하고 있다.(『사기』「태사공자서」참조) 그러나 이 또한 한무제 때 유가사상만을 국가 이데올로기로 채택하고, 나머지 백가를 중앙에서 퇴출시키자 더 이상 정치 이데올로기로 작용하지 못하고 물러갔다. 그 후 도가사상은 음양오행 및 신선방사술과 결합하면서 민간으로 깊숙이 파고들어 기승을 부리게 되었다. 그리하여 초기 도가사상과는 매우 다른 모습으로 전개되었고, 민간 종교인 도교로 발전해 사대부 중심의 유교와 경쟁하면서 나란히 중국 문화의 한 축을 이루게 되었다.

법가는 중국 통일에 결정적 공헌을 하였고, 힘을 통해 모든 백가를 없애버릴 시도도 하였다. 그러나 단명한 진나라와 마찬가지로 통일제국 후 법가 또한 그 사상으로서의 생명은 일찍 끝나고 말았다. 인간의 능력에 대한 불신과 시·서를 불태우는 등 문화 이상의 결여가 결국은 법가 자신들의 사상적 발전을 멈추게 했기 때문일 수도 있다. 그러나 더 중요한 이유는 제국의 질서와 관계가 깊다. 제국의 황제들은 오직 존군비신·숭상억하(崇上抑下)에 관심을 두었다. 고조에서 선제까지 서한의 황제들은 기본적으로 모두 법가의 노선을 채용했다. 거기에 학문의 주류인 유가들이 영합하여 법가화하였다. 법가사상은 소멸했다기보다 유가의 외피를 둘러쓰게 되었으며, 유가들은 법가의 방에 들어가 창을 휘두르며 군주의 욕망과 만나 사상계에서의 지위를 획득할 수 있었다. 향후 중국 정치사상사는 겉으론 유가를 표방하지만 내면은 법가인, 즉 외유내법(外儒內法)이라 할 수 있다.

기타 제자백가의 경우도 크게 다르지 않다. 진나라 때 분서갱유로 상당한 전적이 불타고 유생들이 생매장되었다고 하지만, 이는 정치적 사건이다. 즉, 수도인 함양 유생 400여 명과 일부 이론서들을 사상 통일을 위한 희생으로 삼은 데 불과하다. 그

후로도 여전히 학문과 사상은 계속되었고, 제자백가의 다양한 흐름도 이어졌다. 한나라 초기 70-80년의 사상가들도 제자백가의 한 흐름으로 볼 수 있다. 그러나 인류사회를 구제하겠다는 거대한 열망보다 제국의 질서를 옹호하는 수단으로 혹은 개인 차원의 미신으로 치우쳐, 선진 시대와는 학풍이 크게 달랐다. 음양가는 유가의 외투를 쓰고 제나라 계통의 방술과 신선술로 흐르게 되었고, 진시황 때 후생(侯生)·노생(盧生) 등은 불사약 운운하며 일대 살겁을 불렀다. 분열 시대의 논리인 종횡가는 분열이 종식된 후 변질되었다. 한무제 시절 언상(偃尙)의 종횡장단의 술은 통일제국의 황제를 위한 이야기이다.

이제 자유로이 열린 공간에 피어난 화려한 사상의 성취, 마음에 들지 않으면 언제든 주군을 바꿀 수 있는 가능성, 한 가지 재주만 있어도 의식주가 해결되던 선진 시대 학문 중시의 풍토는 더 이상 기대할 수 없었다. 대일통으로 공간이 닫히고, 주군을 떠남은 곧 반역이며, 권력에 충실한 지식만이 의식주를 해결해 주는 제국의 시대에 이르렀다. 명실상부한 중앙 집권에 성공한 한무제에 의해 강력한 정책으로 집행된 유가 제일주의, 즉 '유술독존(儒術獨尊), 파출백가(罷黜百家)'야말로 인류 역사상 가장 휘황찬란한 사상 창조의 풍토를 봉쇄한 결정적 일격이었다.

주

1) "갑인(甲寅) 날 점을 침, 사방 신에게 체(禘) 제사를 올리는데, 강(羌)족 한 명, 소 한 마리, 개 아홉 마리로 하나이까?"(『殷墟卜辭』718)

2) "☰ 건(乾,하늘) 괘는 원(元,으뜸)·형(亨,발전)·이(利,얻음)·정(貞,곧음)이니라. 초구(初九) 효는 아직 물에 잠긴 용이니 쓰지 말고 기다린다."(『주역』「乾爲天卦」)

3) "우리는 문왕의 가르침을 따라 술독에 빠지지 않았으므로 멋대로 술을 마셔댄 은나라를 대신하여 천명을 받을 수 있었느니라."(『서경』「酒誥」) ; "많고 많은 군자들이여, 덕을 행할 줄 모르나니! 원망하지 않고 욕심내지 않는다면 어찌 되지 않는 일이 있으리!"(『시경』「邶風」)

4) 앞으론 서기전이라 씀. 서기를 버리고 우리의 시간관념을 회복하면 더 쉽게 이해가 될 것이나 지금으로선 달리 방법이 없다.

5) 구호와 복장은 유가이나 정신을 모르는 황당한 유를 속유(俗儒), 유가 정신의 실질을 깨쳐 자유자재로 운용하는 대유(大儒), 속유와 대유 사이에 낀 아유(雅儒) 그리고 쓸모없는 제자들을 소유(小儒)·산유(散儒)·천유(賤儒)로 구분하였다.

6) "천하를 바로잡으려는 사람이 있다면 지금 세상에 나를 빼고 누가 있겠는가?"(『맹자』「公孫丑下」)

7) "당신은 장부이며, 나도 장부입니다. 내 어찌 당신을 군주라고 두려워하겠습니까?"(『맹자』「등문공上」)

8) 묵자는 제자인 금활리(禽滑釐)를 송나라에 파견해 묵자의 집단과 더불어 성을 지켜낸 적이 있다.

9) "지금 집안의 주인은 오직 제 집안만 사랑할 줄 알지 다른 집안을 사랑하지 않는다. 그래서 제 집안을 동원해 다른 사람의 집안을 찬탈하는 것을 꺼리지 않는다. 지금 사람들은 오직 제 몸만 아낄 줄 알지 다른 사람의 몸을 아끼지 않는다. 그래서 제 몸을 들어 다른 사람의 몸을 해치는 것을 꺼리지 않는다."(『묵자』「兼愛上」)

10) "이장(里長)은 천자의 정책에 순응함으로써 그 고을의 의를 하나로 통일시킨다.……천자가 옳다고 하면 반드시 옳은 것이고,

천자가 그르다고 하면 반드시 그른 것이다."(『묵자』「상동중」)

11) "힘써 생산하고 농사철을 지켜 스스로 공급받고 검약한다."(『묵자』「七患」)

12) 『노자』에는 황제에 관한 언급이 없고, 『장자』에는 황제의 상반된 두 모습이 등장한다. 인류의 유유자적한 삶을 깨뜨린 원흉이라고 깎아 내리기도 하고, 마음을 비우고 도의 전당에 오른 성인이라고 격찬하기도 한다.

13) "도라는 물건은 미묘하여 알 수 없고, 형체 없는 모양을 하고 있다."(『노자』 21장)

14) "물질이 강성하면 곧 노쇠해지는데 이를 부도라 한다. 자연의 도가 아닌 것은 일찍 끝장난다."(『노자』 55장)

15) "하늘의 도는 남는 것을 덜어 부족한 데를 돕는다. 사람의 도는 그렇지 않다. 부족한 자들의 것을 덜어 남는 자를 받든다. 누가 능히 남는 자들의 것을 덜어 천하를 받들 것인가? 오직 도가 있는 성인이다."(『노자』 77장)

16) "도를 잃은 뒤 덕이 있고, 덕을 잃은 뒤 인(仁)이 있고, 인을 잃은 뒤 의(義)가 있고, 의를 잃은 뒤 예(禮)가 있다. 예란 충(忠)과 신(信)이 땅에 떨어져 생긴 것으로 난의 출발점이 된다."(『노자』 38장)

17) "사람의 생명은 기의 취합이다. 기가 모이면 생명이 있고, 흩어지면 죽게 된다."(『장자』「知北遊」)

18) "보편적으로 본성을 잃게 하는 경우가 다섯 가지 있다. 하나는 다섯 색깔이 눈을 어지럽혀 눈이 밝지 못하도록 하고, 둘은 다섯 소리가 귀를 어지럽혀 귀가 잘 듣지 못하도록 하고, 셋은 다섯 냄새가 코에 연기를 쐬워 이마까지 찌르게 만들고, 넷은 다섯 맛이 입을 탁하게 하여 입이 상쾌하지 못하게 하고, 다섯은 취사선택하려는 생각이 마음을 미끄러지게 하여 본성을 들뜨게 하는 것이다. 이 다섯 가지 모두 사람의 생명에 해로운 것이다."(『장자』「천지」)

19) "백성들이 평소 자신이 무엇을 하는지를 모르고, 가되 어디를 가는지를 모르며, 입 안에 무언가를 물고서 희희낙락 배 두드리며 노니 백성들이 할 수 있는 것은 이것뿐이었다."(『장자』「馬蹄」)

20) "형체가 온전해지고 정기가 회복되면 천지와 하나가 된다."(『장

자』「達生」)

21) "순수하여 잡념이 없고, 고요함으로 하나가 되어 변하지 않으며, 마음을 편안히 가져 무위하고, 움직이되 하늘의 운행의 그 자연스러움에 따른다. 이것이 정신을 양성하는 도이다."(『장자』「刻意」)

22) "현자이면서 불초한 사람에게 굴복함은 권세가 가볍기 때문이다. 불초함에도 현자를 굴복시킬 수 있음은 지위가 높기 때문이다. ……위세만이 현자를 굴복시킬 수 있다."(『愼子』「威德」)

23) "명군이 신하를 부림은 수레의 바퀴살이 모이듯 군주를 중심으로 돌도록 해야 한다."(『申子』「大體」)

24) "신하는 사력을 다함으로써 군주의 시장에 참여한다. 군주는 작록을 늘어뜨림으로써 신하의 시장에 참여한다. 군주와 신하 사이는 부자지간과 같은 친함이 있지 않으며, 나오는 것이 얼마인지 숫자계산을 하는 관계이다."(『한비자』「難一」)

25) "군주의 큰 신물은 법 아니면 술이다."(『한비자』「難三」)

26) "세가 중요한 것은 군주의 발톱과 이빨이기 때문이다."(『한비자』「人主」)

27) "도는 보지 못하는 데 있고, 쓸모는 알지 못하는 데 있다. 텅 비고 고요하게 일없이 있으면서 암암리에 흠을 발견한다. 보았어도 안 본 것처럼, 듣고도 안 들은 것처럼, 알고도 모른 것처럼 해야 한다."(『한비자』「主道」)

28) "명에 따라 실제 내용을 따짐은 군주의 일이다. 법을 받들고 명령을 펴는 일은 신하의 직무이다."(『등석자』「無厚」)

29) "백성은 군주의 수레바퀴이다."(『등석자』「무후」)

30) "선왕께서는 토와 금·목·수·화가 서로 섞여 온갖 물질이 이루어진다고 했다."(『국어』「鄭語」)

31) "5덕은 바뀐다. 다스림엔 각자 마땅한 바대로 하나, 결국 이 5덕에 부응하게 된다."(『사기』「맹자순경열전」)

32) "추자에게는 종시오덕이 있는데 불승(不勝)하는 바, 즉 상극에 따르면 목덕이 그것을 계승하고, 금덕이 그 다음에 오며, 화덕이 그 다음에 오고, 수덕이 그 다음에 온다."(『文選』)

33) "인의예악(仁義禮樂)은 모두 법에서 나왔다. 이는 선대의 성인이 백성들을 하나로 만들려는 까닭이다."(『관자』「任法」)

34) "용서를 고려하여 일을 행해야 한다. 용서를 고려한다 함은

자신을 비추어 보아 자신이 받아들이지 못한 바는 다른 사람에게도 베풀지 말아야 한다."(『관자』「版法解」)

35) "이 경중이라는 술은 제후들이 불복하면 전쟁으로 응수하고, 제후들이 잘 복종하면 인의로 행한다."(「揆度」)

36) "무릇 땅을 갖고 백성을 다스리는 사람은 사시의 농사철에 힘쓰고 곡식 창고를 지켜주어야 한다. 나라에 재화가 많으면 먼 곳 사람들이 몰려올 것이고, 황무지를 개간하면 본국 백성들이 머물러 있을 것이다. 창고가 튼실하면 예절을 알게 되고, 의식이 풍족하면 영욕을 알게 된다."(『관자』「목민」)

37) "사람과 물질은 모두 음양의 변화에 따라 생겨났다. 음양은 하늘이 창조하여 형성된 것이다.……옛날 성인은 자신의 사사로운 생각으로 신성을 해치지 않고 그저 편안히 하늘의 명을 기다렸을 따름이다."(『여씨춘추』「知分」)

38) "사람의 본성은 사악함이 없는데 오랜 습속에 빠지면 바뀐다. 바뀌면서 근본을 잊어버리고 모아져 본성처럼 된다."(『회남자』「齊俗訓」)

39) 중국 도교의 최초의 근거는 제나라의 신사(神祠)나 방사일 가능성이 높다.

40) "하늘과 땅이 있고 난 뒤 만물이 있게 되었으며, 만물이 있고 난 뒤 남녀가 있게 되었으며, 남녀가 있고 난 뒤 부부가 있게 되었으며, 부부가 있고 난 뒤 아버지와 자식이 있게 되었다."(『역경』「序卦傳」) ; "사람의 생명은 기가 모인 것이다. 모이면 생명이 되고 흩어지면 죽게 된다."(『장자』「知北游」)

41) "천명을 통제하여 이용한다."(『순자』「富國」)

중국사상의 뿌리

펴낸날	초판 1쇄 2004년 2월 10일
	초판 6쇄 2018년 4월 6일

지은이	장현근
펴낸이	심만수
펴낸곳	(주)살림출판사
출판등록	1989년 11월 1일 제9-210호

주소	경기도 파주시 광인사길 30
전화	031-955-1350 팩스 031-624-1356
홈페이지	http://www.sallimbooks.com
이메일	book@sallimbooks.com

ISBN	978-89-522-0188-1 04080
	978-89-522-0096-9 04080(세트)

026 미셸 푸코   eBook

양운덕(고려대 철학연구소 연구교수)

더 이상 우리에게 낯설지 않지만, 그렇다고 손쉽게 다가가기엔 부담스러운 푸코라는 철학자를 '권력'이라는 열쇠를 가지고 우리에게 열어 보여 주는 책. 권력은 어떻게 작용하는가에서 논의를 시작하여 관계망 속에서의 권력과 창조적 · 생산적 · 긍정적인 힘으로서의 권력을 이야기해 준다.

027 포스트모더니즘에 대한 성찰   eBook

신승환(가톨릭대 철학과 교수)

포스트모더니즘의 역사와 논의를 차분히 성찰하고, 더 나아가 서구의 근대를 수용하고 변용시킨 우리의 탈근대가 어떠한 맥락에서 이해되는지를 밝힌 책. 저자는 오늘날 포스트모더니즘으로 대변되는 탈근대적 문화와 철학운동은 보편주의와 중심주의, 전체주의와 이성 중심주의에 대한 거부이며, 지금은 이 유행성의 뿌리를 성찰해 볼 때라고 주장한다.

202 프로이트와 종교   eBook

권수영(연세대 기독상담센터 소장)

프로이트는 20세기를 대표할 만한 사상가이지만, 여전히 적지 않은 논란과 의심의 눈초리를 받고 있다. 게다가 신에 대한 믿음을 빼앗아버렸다며 종교인들은 프로이트를 용서하지 않을 기세이다. 기독교 신학자인 저자는 이 책을 통해 종교인들에게 프로이트가 여전히 유효하며, 그를 통하여 신앙이 더 건강해질 수 있다는 점을 보여 주려 한다.

427 시대의 지성 노암 촘스키   eBook

임기대(배재대 연구교수)

저자는 노암 촘스키를 평가함에 있어 언어학자와 진보 지식인 중 어느 한 쪽의 면모만을 따로 떼어 이야기하는 것은 불합리하다고 말한다. 이 책에서는 촘스키의 가장 핵심적인 언어이론과 그의 정치비평 중 주목할 만한 대목들이 함께 논의된다. 저자는 촘스키 이론과 사상의 본질에 다가가기 위한 이러한 시도가 나아가 서구 사상을 받아들이는 우리의 자세와도 연결된다고 믿고 있다.

024 이 땅에서 우리말로 철학하기

이기상(한국외대 철학과 교수)

우리말을 가지고 우리의 사유를 펼치고 있는 이기상 교수의 새로운 사유 제안서. 일상과 학문, 실천과 이론이 분리되어 있는 '궁핍의 시대'에 사는 우리에게 생활세계를 서양학문의 식민지화로부터 해방시키고, 서양이론의 중독으로부터 벗어나야 한다고 역설한다. 저자는 인간 중심에서 생명 중심으로의 변화와 관계론적인 세계관을 담고 있는 '사이 존재'를 제안한다.

025 중세는 정말 암흑기였나   eBook

이경재(백석대 기독교철학과 교수)

중세에 대한 친절한 입문서. 신과 인간에 대한 중세인의 의식을 다루고 있는 이 책은 어떻게 중세가 암흑시대라는 일반적인 인식을 가지게 되었는지에 대한 물음을 추적한다. 중세는 비합리적인 세계인가, 중세인의 신앙과 이성은 어떠한 관계를 갖고 있는가 등에 대한 논의를 하고 있다.

065 중국적 사유의 원형   eBook

박정근(한국외대 철학과 교수)

중국 사상의 두 뿌리인 『주역』과 『중용』을 철학적 관점에서 접근한다. '산다는 것은 무엇인가?'라는 근원적 질문으로부터 자생한 큰 흐름이 유가와 도가인데, 이 두 사유의 흐름을 거슬러 올라가다 보면 그 둘이 하나로 합쳐지는 원류를 만나게 된다. 저자는 『주역』과 『중용』에 담겨 있는 지혜야말로 중국인의 사유세계를 지배하는 원류라고 말한다.

076 피에르 부르디외와 한국사회   eBook

홍성민(동아대 정치외교학과 교수)

부르디외의 삶과 저작들을 통해 그의 사상을 쉽게 소개해 주고 이를 통해 한국사회의 변화를 호소하는 책. 저자는 부르디외가 인간의 행동이 엄격한 합리성과 계산을 근거로 행해지기보다는 일정한 기억과 습관, 그리고 사회적 전통에 영향을 받는다는 사실로부터 시작한다는 점을 강조한다.

096 철학으로 보는 문화 `eBook`

신응철(숭실대 인문과학연구소 연구교수)

문화와 문화철학 연구에 관심 있는 사람을 위한 길라잡이로 구상된 책. 비교적 최근에 분과학문으로 등장하기 시작한 문화철학의 논의에 반드시 들어가야 할 요소를 선택하여 제시하고, 그 핵심 내용을 제공한다. 칸트, 카시러, 반 퍼슨, 에드워드 홀, 에드워드 사이드, 새무얼 헌팅턴, 수전 손택 등의 철학자들의 문화론이 소개된다.

097 장 폴 사르트르 `eBook`

변광배(프랑스인문학연구모임 '시지프' 대표)

'타자'는 현대 사상에 있어 가장 중요한 개념 중 하나이다. 근대가 '자아'에 주목했다면 현대, 즉 탈근대는 '자아'의 소멸 혹은 자아의 허구성을 발견함으로써 오히려 '타자'에 관심을 갖게 되었다. 그리고 타자이론의 중심에는 사르트르가 있다. 사르트르의 시선과 타자론을 중점적으로 소개한 책.

135 주역과 운명 `eBook`

심의용(숭실대 강사)

주역에 대한 해설을 통해 사람들의 우환과 근심, 삶과 운명에 대한 우리의 자세를 말해 주는 책. 저자는 난해한 철학적 분석이나 독해의 문제로 우리를 데리고 가는 것이 아니라 공자, 백이, 안연, 자로, 한신 등 중국의 여러 사상가들의 사례를 통해 우리네 삶을 반추하는 방식을 취한다.

450 희망이 된 인문학 `eBook`

김호연(한양대 기초·융합교육원 교수)

삶 속에서 배우는 앎이야말로 인간의 운명을 바꿀 수 있는 기회를 준다. 그래서 삶이 곧 앎이고, 앎이 곧 삶이 되는 공부를 하는 것이 무엇보다 중요하다. 저자는 인문학이야말로 앎과 삶이 결합된 공부를 도울 수 있고, 모든 이들이 이 공부를 할 수 있어야 한다고 믿는다. 특히 '관계와 소통'에 초점을 맞춘 인문학의 실용적 가치, '인문학교'를 통한 실제 실천사례가 눈길을 끈다.

eBook 표시가 되어있는 도서는 전자책으로 구매가 가능합니다.

㈜살림출판사
www.sallimbooks.com
주소 경기도 파주시 문발동 522-1 | 전화 031-955-1350 | 팩스 031-955-1355